続 地名は語る

埼玉の歴史と

埼玉新聞社

まえがき

地名は地域の歴史そのものであり、貴重な文化遺産だ。地名には、そこに住み、生活した人々の風俗や習慣、天候や地理などへの思いが、何世紀にもわたって刻まれている。

少子高齢化社会に入り、多くの自治体は地域おこしに取り組んでいる。また先人たちが残した地名や遺跡、古墳など歴史遺産を活性化の手掛かりにと着目している自治体も少なくない。

埼玉新聞は「地名は語る　埼玉の歴史と伝承」シリーズとして、第1回は23町村と秩父市、第2回は、さいたま市を取り上げて出版しました。

続いて2018年7月から、川越など38市を順に連載しました。地名に込められたメッセージを読み解きながら、地域おこしのヒントを探ることを目指しました。この38市の連載をまとめて、続巻として出版することとしました。

この2冊を合わせると「埼玉県の地名辞典」となります。県内の全自治体の地名に焦点を当てた、包括的な辞典としては、韮塚一三郎氏の『埼玉県地名誌』、埼玉県県民部の『さいたまの地名』以来、半世紀ぶりとなります。

地名には驚きと、ドラマが隠れていました。いじられることの多い埼玉ですが、埼玉のすばらしさを読み取っていただき、地元愛を育んでいただければ幸いです。

●2018年7月から2020年11月まで、埼玉新聞地域面に連載した「地名は語る埼玉の歴史と伝承」の38市分をまとめた。人口と世帯数は、2020年9月30日または10月1日現在。

この連載は、特別編集委員室の栗原猛、杉山隆二、滝川進、金田哲郎、上松寛茂、中伏和男、福井広信の7人が担当した。

目次◎続 地名は語る 埼玉の歴史と伝承

第2部

第3部

第4部

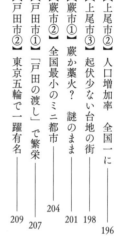

第1部

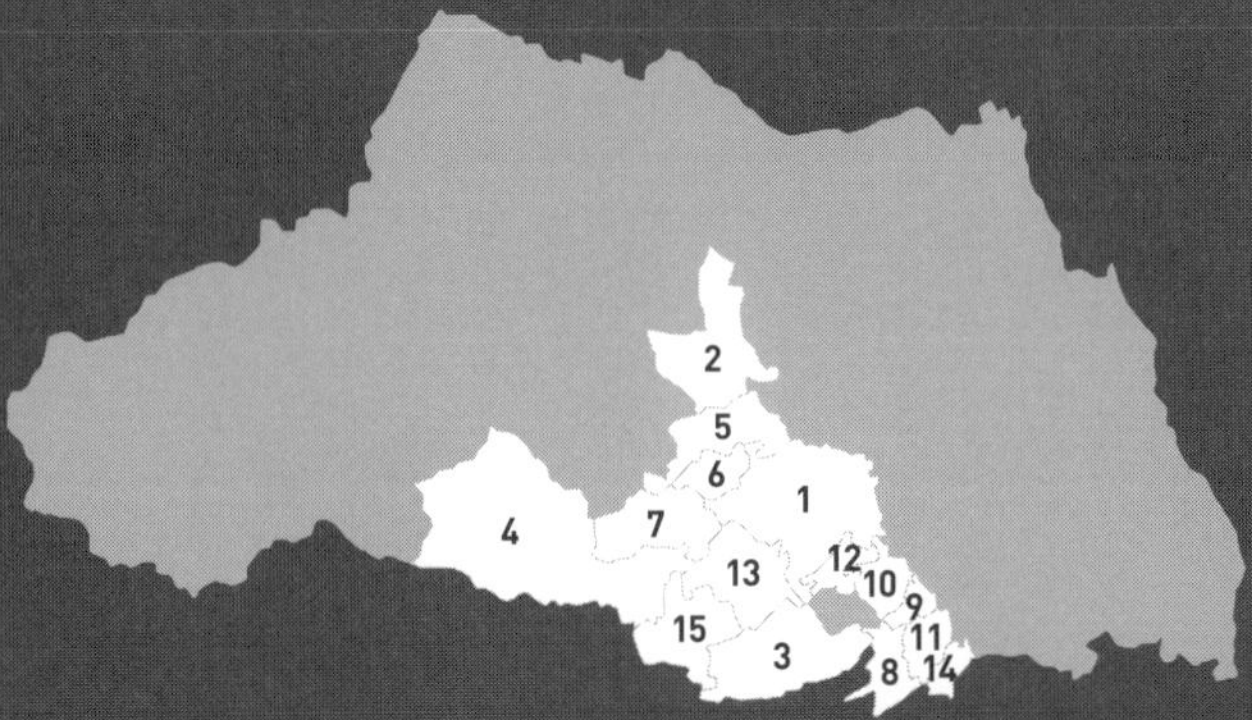

1 川越市
2 東松山市
3 所沢市
4 飯能市
5 坂戸市
6 鶴ケ島市
7 日高市
8 新座市
9 志木市
10 富士見市
11 朝霞市
12 ふじみ野市
13 狭山市
14 和光市
15 入間市

【川越市①】大小河川と深い縁

川越の地名の由来は諸説ある。古くは「河肥」と書かれ、平安時代から鎌倉時代には「河越」の表記が多かった。河に臨む肥沃《ひよく》な土地とか、川の渡しがあった、といった意味だろうが、一番納得できるのはこの地に行こうとすればどこからも川（河）を越えなければならない所だという説であろう。いずれにせよ荒川、入間川、新河岸川、小畔川といった大小の河川に囲まれ、川と非常に縁が深い所だ。

「河越」の由来となった河越氏は平安時代末期から200年余り、武蔵国に勢力を誇った豪族で、その本拠地の館は川越市の北西部、東武東上線の霞ケ関駅の北方にあった。川越市に合併される前の旧名細《なぐわし》村上戸付近で、現在は史跡公園に整備されている。川越市街地ではなく入間川の川向こうにあるが、当時の中心鎌倉からみれば川を越えた先だといえよう。

◆知恵伊豆が都市改造

城下町としての川越は、1457（長禄元）年、太田道真、道灌親子がこの地に城を築いたことに始まる。江戸時代には関東の要衝として幕府の北の守りの拠点となった。8家21代の藩主が治めたがいずれも親藩や譜代の大名が指名され、何人かは大老や老中を務め幕府の中枢を担った。

松平信綱は、島原の乱鎮圧の功績で川越城主に〝栄転〟。都市改造や新田開発に乗り出した。「知恵伊豆」と呼ばれた信綱は1639（寛永16）年、城の増築、城域の拡張などを進めるとともに町割りを実施し、上五カ町、下五カ町、四つの門前の区画を定めた。城は西と南に大手門が作られ、西の大手門が現在の市役所のある所で、正面左側には「川越城大手門跡」と記された御影石の標識と太田道灌像が立っている。

◆町の真ん中に札の辻

上五カ町は当時、町の中心部だったが、現在も蔵造りの街並みに観光客があふれている。その真ん中の十字路には御触れが書かれた木の札（高札）が掲げられていた。現在の札の辻であり、西大手門から札の辻に至る大通りを本町、札の辻の北を喜多（北）町、南を南町と呼んだ。本町の足元から江戸に向かう川越街道の出発点を江戸町と呼び、札の辻の西側は高沢町と呼ばれた。

南町は大店の呉服問屋が軒を連ね、現在は蔵造りの店が並ぶ。札の辻の西側、高沢町はこの辺りに竹林が多かったので、竹沢転じて高沢となったとの説が有力だ。

◆全国に先駆け町名整理

下五カ町は、上五カ町を囲む延長線上にある地域で、相模の国から鍛冶職人が移住してきたのが由来の鍛冶町、桶屋や大工などの職人が集まったため、箍《たが》をはめる輪が語源の多賀町など、由緒ある名前がつけられた。ところが、上・下五カ町の地名は、1961（昭和36）年、全国に先駆けて町名地番の整理が実施されてほとんどが姿を消した。多賀町は現在、幸町などに名を変えたし、川越藩の馬場があり、穀物問屋が軒を連ねていた志義（鳴）町も今は、仲町となっている。旧町名が残ったのは、喜多（北）町、志多町くらい。地元の人々が強く反対したからだとされる。

「江戸の町割りがそのまま残っていたのに町名を変更してしまった。本当に残念」と語るのは川越市文化財保護審議会会長の山野清二郎氏（埼玉大学名誉教授）。歴史のある町を標榜するなら、文化遺産ともいえる昔の町名に戻すべきではないか、との主張には説得力がある。

（滝川進）

メモ
川越市 1922（大正11）年に旧川越町と仙波村が合併、県内で最初に市制に移行。55（昭和30）年に隣接する9カ村を合併、ほぼ現在の市域となった。2003（平成15）年に中核市に。東京都心から約30キロで交通の至便さを生かして流通業、伝統に培われた商工業、豊かな歴史と文化を資源とした観光など充実した都市機能を持つ。人口35万3238人、16万1723世帯。

【川越市②】大火機に城域拡張

◆町も街道も未整備

川越も何度か大火に見舞われた。江戸時代初期、藩主松平信綱が城下町の城域拡張や都市改造に乗り出すきっかけは、1638（寛永15）年の大火だった。北条から徳川に支配者が代わってさほど歳月のたっていないこの時期、町も街道も未整備だった。武士も町人も新しい顔触れがやってきた。町を整備するには格好の時期だったろう。

信綱の定めた上・下五カ町、四つの寺を囲む四門前は現在の川越市街地の北側の狭い地域を指す。「蓮馨寺のある連雀町や松郷、小仙波は『町の外』だった。その境は低地になっていて、小川が流れていたのではないか」との見方をするのは、市内に長年住む山野清二郎埼玉大学名誉教授（市文化財保護審議会会長）だ。

武家地、町人地、寺社地の三つに整理して、武家地は城を含む町の東側、その西側には町人たちの商家や住まいが立ち並び町家を形成。寺は町家の西側に移転させられた。

◆上級武士が住む

城域は江戸町の通りまで拡張され、城内やその付近に上級武士を住まわせた。江戸町、郭町、北久保町、堅久保町、南久保町などと呼ばれた付近がそうで、郭は城郭の意であり、城内の地域を指し、曲輪《くるわ》内と呼ばれた。北久保町など三町は現在合わせて三久保町となっている。

新河岸川を使って江戸とを結ぶ舟運が商品経済の発達を加速させた。扇河岸、上・下新河岸、寺尾、牛子の「川越五河岸」が整備された。当初は、藩の公用のために設けられたが、金のかかる河岸作りに関与した商人たちが力を付け、次第に自主的に運営するようになっていった。町の中心地には江戸との交易などで富を得た豪商たちが店を構えた。

◆寺を西側に移転

城の拡張によってその付近にあった寺は移転させられた。養寿院、行伝寺、蓮馨寺、妙養寺の門前は町の西側に移り、「四門前」と呼ばれた。これら四寺は比較的繁華街の近くに移転したため、折々にぎわいを見せた。懐かしい駄菓子の店が立ち並ぶ一角は江戸時代からあったようだが、菓子屋横丁の名は大正時代から呼ばれ始めたようだ。本来は、四門前の一つ養寿院の門前に当たる。

川越の北方を鎮守するとされる氷川神社の場所は現在も変わらないが、参道が非常に短く町割りの際に削られたとの見方が有力だ。付近には、神社から少し下った場所として宮下町、お膝元にあるために付いた宮元町などの地名がある。

◆町割りごとに山車

氷川神社の秋祭りである「川越氷川祭り」は信綱の時代に始まったとされ、現在も盛大に催されている。市内上・下五カ町がそれぞれ絢爛《けんらん》豪華な山車を繰り出し、江戸文化を今も伝えている。

明治の代となり、1893（明治26）年3月の大火は、折からの強風にあおられて燃え広がり、商家の立ち並ぶ中心部を焼き尽くした上、隣の小仙波も火の海になった。当時の川越町の4割ほどが灰になったとされる。その中で、土蔵の家屋が焼失を免れたため、商人たちは競って耐火建築の蔵造りの商家を建てた。最盛時には200～300軒もの店が立ち並んだ。今も数十軒が往時をしのばせ、観光の町川越を支えている。（滝川進）

メモ

時の鐘 川越のシンボルで、江戸初期の川越藩主だった酒井忠勝が創建したと伝わる。忠勝は、時間を守ることを徹底した人で、家臣から学問を受ける際や、江戸城登城の時にも時間を正確に守ったという。城内に時を知らせる太鼓櫓《やぐら》を設けたほか、下五カ町の多賀町（現幸町）に時の鐘を作らせた。高さ約16メートル、三層の木造楼は往時の面影を残す数少ない建造物である。

【川越市③】三芳野『伊勢物語』に

◆周辺9村を吸収合併

今から7千～8千年前の縄文時代には、川越の近くまで東京湾が深く入り込んでいた。市内の仙波、岸町、砂などの地名は海をほうふつさせ、縄文時代に人が住んだ証しである貝塚など遺跡が残る。小仙波町の喜多院には、仙芳仙人という人がやってきて神竜と取引して海を陸地に変えてそこに寺院を建立したとの伝説がある。

喜多院は平安時代の初めに「星野山無量寿寺仏地院」として創建され、その後、江戸時代初めには、徳川家康の寵を受けた天海僧正が住職を務めたことで幕府の厚い庇護《ひご》を受け、広大な寺領を所有していた。敷地内には家康を祭る仙波東照宮もある。

◆多くが藩領

川越の辺りは、古くは三芳野と呼ばれた。在原業平の『伊勢物語』に「入間の郡三芳野の里」として登場する。この名は、川越城内の天神曲輪にある三芳野神社に残っている。同神社の創建は平安時代とされるが、太田道灌が城を築いた際、城の鎮守とした。

江戸時代中期以降、現在の川越市域には全部で92の町村があり、多くが川越藩領だった。1889（明治22）年に全国的に実施された町村合併の際、これらの小村も合併することになった。町の名前を決める際、近隣の地域（現在の坂戸市、三芳町）を含め、5カ所から「三芳野村」にしたいとの希望が寄せられ、くじ引きの結果、坂戸市内の村が当たりを引き当てたという。合議した結果、先着順にしたとの説もある。いずれにせよ、川越市内の13カ村（後に合併などで9カ村）の中の村は、三芳野を名乗れず、「芳野村」がその名を引き継いだ。坂戸には今、三芳野の地名はないが小学校や公民館にその名前が残る。

江戸初期以降、歴代の川越藩主は検地や新田開発など農業振興に力を注いだ。武蔵野台地は関東ローム層の赤土で水の便が悪いため、ほとんどが荒れ地で生産力が低かった。松平信綱は幕府老中として玉川上水を完成させ、藩主としては玉川上水から分水して野火止用水を引くなど水不足解消に努めた。その後の藩主も、現在の川越市から狭山市にわたる9カ村の新田開発を積極的に進めた。市内には安比奈《あいな》新田などの地名が残る。サツマイモなど野菜の栽培も盛んで、市内では旧福原村一帯に広大な畑が広がっていた。

◆由緒ある古谷、名細

第2次大戦後、10年近くたって川越周辺の村々を川越市に合併する話が本格化し、1955（昭和30）年、9村が合併に応じてほぼ、現在の市域となった。このうち、東部にある古谷村、南古谷村は鎌倉時代に古尾谷荘と呼ばれて石清水八幡宮の荘園として繁栄した名にちなんだものだ。名細《なぐわし》村はきめ細かく美しいという意味で、『万葉集』や『伊勢物語』に登場する。また、田面沢村も、『伊勢物語』にある「たのむの雁」から名付けられたと言われ、いずれも明治の小村合併の際に付けられた。

◆渡来人の痕跡は

旧霞ケ関村の名は、やはり小村合併の際に付けられたものだが、河越氏の館（旧名細村）から鎌倉に通じる鎌倉街道にあったことから関所の名前が由来ではないか、との説がある。東京にも霞が関があるが、直接的なつながりはないとみられる。

8世紀以降、朝鮮半島から渡来人が来て、埼玉にも多くの人々が住み着いた。高麗郡には、多数の渡来人がいたとされ、現在の川越市域の西部は高麗郡に含まれていた。笠幡、的場などの地域がこれに相当するが、的場は戦国時代の豪族が弓や鉄砲の訓練をする場所だったとの言い伝えがある。これらの地名は渡来人とは関係なさそうだ。

（滝川進）

メモ **絵図** 260年余り続いた江戸時代、川越藩は酒井、松平、秋元、松井など8家の大名が治めた。江戸中期、現在の川越市域には90余の村があり、それぞれ狭い地域ではあったが、現在の市町村のような一つの行政単位だったため、藩主が交代する度に村や町の絵図の作成、提出することが求められた。村絵図の多くは色彩豊かに描かれており、現在では変貌してしまった当時の耕地や自然の様子を示している。一方、町絵図は、土地の1区画ごとに面積や地主の名などを記しており、今の住宅地図のようだ。新田開発や川越五河岸の様子を示した絵図も残っている。

【東松山市①】戦の要　松山城が由来

東松山市の地名の由来は松山城から来ている。松山城がある場所は現在、東松山市の東に接する吉見町に属する。そばには横穴古墳群の吉見百穴があり、古くから人が生活していたことを裏付ける。この付近にはアカマツの松林が多く、松の多い山という意味で名付けられたようだ。

戦国時代、松山城は山内、扇谷の両上杉氏、後北条氏など当時、覇を競った戦国大名にとって戦略上の要の城であった。すぐそばを流れる市野川の河畔やその西側には商店が立ち並んだ。付近は「松山本郷」と称され、商業が発達、宿場として本宿（元宿、現在は松本町）ができ、そこが手狭になったとして、その南に新宿（新宿町）がつくられた。

◆商業や宿場で繁栄

江戸時代が始まる直前の1601（慶長6）年、松山城は廃城となるが、松山は関東の交通の要衝として、その後も市街地を西や北に広げながら商業地や宿場町として発展を遂げた。

江戸時代、町の中心は現在の本町通りに移り、八王子街道と交差する地点には高札場（札の辻）が設けられた。その北側を上宿、真ん中を中宿、南側を下宿と呼び、5日ごとに南北交互に市が立った。

街道の市には、露天商（庭見世）や店舗形式の内見世が立ち並んだ。本町通りは現在も、商店の地割りが道路に対して斜めに交差している所があり、当時の名残とみられる。

今も残る材木町の名は、本町通りから少し外れるが、当時から日用品雑貨や材木業者が集中していたため付いた。

◆松山陣屋はわずか4年

松山は、江戸時代後期の100年間、川越藩の所領だった。松平大和守家が治めてきたが、1867（慶応3）年、同家が前橋藩主に移り、松山など比企を中心として武蔵国が飛び地となったため、この地域を治めるために陣屋を造営することになった。

陣屋の場所は、現在の東松山市役所を含む地域、松葉町1丁目付近が選ばれた。土地は町方役人や町人が寄付し、同年の春から突貫工事で建設を進め、5カ月余りで完成したという。内陣屋は幅が約220メートルのほぼ正方形をしていた。中には役所や御殿がつくられたが、これは現在の市役所庁舎や総合会館がある辺りだ。

南には、そこで働く足軽などの武士の住まいが立ち並ぶ外陣屋が配された。現在もその区画が残っている。

ただ、その年の10月に徳川慶喜15代将軍が大政を奉還、松山陣屋はわずか4年余りでその役割を終え、その後は新政府の郡屋敷として使用された。家族を含め千人もの川越藩士が移住してきたため、明治初頭の松山は士族の数が人口の約3分の1を占めていたという。

◆行政指導で東松山に

1889（明治22）年、松山は市の川村、野田村、東平村と合併して松山町となり、1954（昭和29）年には、松山町と野本村、高坂村、唐子村、大岡村が合併して市制を施行。その際、自治省（現総務省）から、愛媛県の松山市との混同を避ける意味で、「東」を付けるよう「行政指導」があり、東松山市の誕生となった。（滝川進）

メモ

東松山市　県のほぼ中央に位置し、地域の大半は外秩父山地に連なる丘陵や台地が占めている。「西高東低」の土地で川は西から東へ流れる。低地、台地、丘陵と変化に富んだ地形のため傾斜地や坂が多い。原始時代から狩猟や農耕生活に好条件だったため、早くから集落ができて発達し、縄文時代前期以降の竪穴式住居跡や石器、土器が出土。前方後円墳などの古墳も見つかっている。東京への通勤圏であり、東松山経済圏を形成。付近に大学も多い。人口9万407人、4万994世帯。

【東松山市②】 1町4村合併し誕生

東松山市は1954（昭和29）年に1町4村が合併して市制が敷かれたため、五つの地区、松山地区のほか、高坂、唐子、野本、大岡の旧4村からなる。

◆野久から箭弓稲荷に

東武東上線の東松山駅近くにある箭弓《やきゅう》稲荷神社は、淵源は平安時代中期にさかのぼる。市の元・文化財保護委員会副委員長の岡田潔氏（故人）が書かれた『東松山の地名と歴史』によると、稲荷は元来、稲作の守り神で、当時から地元の人々はこの稲荷を「やきゅう（野宮、のちに野久）稲荷」と呼んでいた。

平忠常の乱（1028年）で、清和源氏の源頼信が京から派遣されて、この地に陣を張った際に、この稲荷の祠《ほこら》を見つけ、「野久」は「矢・弓（箭弓）」に通じるとして戦いの勝利を祈り、大勝利となったため「箭弓稲荷神社」と名付けたとされる。

その後、歴代の領主の庇護《ひご》もあり、江戸中期以降は、五穀豊穣《ほうじょう》、商売繁盛、家内安全の神様として広く信仰を集めた。併設のぼたん園もにぎわうが、「箭弓」は「野球」に通じるとして、中高校球児やプロ野球関係者などが訪れて必勝を祈願する姿が見られる。

「東平《ひがしだいら》」は1889（明治22）年、松山町の一部となったが、元々は「平村」だった。明治時代になり、近隣の「ときがわ町」にも平地区があるため、混同を避けるため東平となった。梨の栽培地として知られる。

◆高い坂の上の集落

「高坂《たかさか》」は文字通り高い坂の上にある集落を指す。約600年前の文書の中に「高坂郷」として登場する。高坂村は、明治22年合併で高坂、早俣、正代《しょうだい》、宮鼻、毛塚、田木、西本宿《もとじゅく》、岩殿の8カ村が合併して誕生し、旧村名は大字となった。

「毛塚」について岡田氏は「毛は稲穂から稲を意味し、農作物を収穫できる農地の中にある塚」と説明。「毛」は「くえ（崩）」に通じ、崩れるという意味から「崩れかけた塚」とする論者もいる。ほかにも「毛髪のように塚がたくさんあったから」など諸説がある。

◆岩でできた御堂

殿は高貴な人という意味のほか、邸宅などの建物を意味する。「岩殿」は、岩でできた「御堂」ではないかとされる。正法寺は、坂東三十三所の10番札所で、岩殿観音とも呼ばれ、岩に囲まれた独特の雰囲気の寺である。近くには東松山市では最も高所にある物見山があり、奥州の蝦夷退治に当たった坂上田村麻呂の悪竜退治の伝説が残るほど古い地名だ。

「唐子」は南北朝時代からある地名。朝鮮半島南部の伽羅（唐）から来た人が開発したことから付いたとの説がある。

大岡地区は、江戸時代には大谷村と岡郷村に分かれていた。大谷は、この地が比企丘陵と台地が侵食されてできた大きな谷にあり、地形的な地名だろう。岡郷は岡の村という意で、土地が高く、西南に岡が連なっていることから付いたようだ。

（滝川進）

メモ

日本スリーデーマーチ　毎年11月初めに開かれる東松山市最大のイベント。同市を中心に3日間開かれるウオーキングの祭典である。国内や海外から集まる8万人以上が、5キロから50キロまでの距離を歩く。第1回、第2回は群馬県での開催だったが3回目の1980（昭和55）年以降は当地での開催となった。当初は、箭弓稲荷神社がメイン会場だった。自然豊かで古代からの旧跡もあり、楽しく歩ける立地条件が大会を盛況にしている。

【東松山市③】小河川が地形を形成

この地域は、多くの河川が蛇行したり合流したりしながら西から東へ流れている。市のやや北寄りを滑川が流れ、その南側を流れる市野川と吉見百穴付近で合流する。市の南部には都幾川が蛇行して流れ、独特の地形をつくっている。市の南側を流れる越辺《おっぺ》川は高麗川と一緒になった後、さらに都幾川と合流する。

◆早い流れの合流点

市内には、そうした川の流れを示す地名が多い。「早俣」や「田木」もそれで、早俣は都幾川・越辺川の合流地点近くにあり、「早（河の流れが早い）・俣（二つの川の合流点）」で、流れのはやい川の合流点にある土地と解釈される。田木は越辺川と高麗川の合流点付近にあり、「タギル（激）」の語幹で、水が激しく流れる川を意味するようだ。

ほかにも唐子地区の「葛袋」は、「くず（崩れる）・ふくろ（袋）」から、都幾川が蛇行して袋状になっている地形から付いたとされる。野本地区の「押垂《おしだり》」も同様だ。「押し出すような急流によりできた土地」の意味であり、都幾川によりつくられた扇状地状の土地を指している。

◆年貢を免除する「面」

市内には「興味深い小字が多いし、珍しい名だと思える小字があちこちに存在する」。そんな説明をするのは地元の地名に詳しい郷土史家高柳茂さん。

その一つが「面」という名がついた土地だ。野本地区今泉にある「鴻ノ面」は、川の面、川が流れていた場所、という説もあるが、高柳さんは「鴻」は「香」、「面」は「免」であり、税、年貢を免除された地域という意味ではないかとみる。

「香」は線香や花を納める土地であり、コメなどの年貢を納める代わりに、線香や花を納めることで、税を免除された人の住む所を指す。鴻の面はほかにも市内に2カ所あるという。

同様に「油面」は油を出す代わりに年貢を免除された所。ほかにも「川原毛面」という小字は市内に4カ所ある。川原毛とは、素焼きの土器で酒用の浅い皿を指すそうで、川原毛（土器）を作る工人の住む地域ではないかとみられる。

◆「在家」は課税の単位

野本地区下野本にある「被園在家」の「被園」は「ひえい（比叡）」、「日枝」の転化したものではないか。この土地が、中世に比叡山延暦寺の荘園だったのではないかと推察できるという。「在家」は中世の課税の単位で、田（土地）と農家をセットにして課税する税の仕組みで、中世には広く実施されていた。市内には「在家」と名の付く箇所がほかに2カ所ある。

上野本にある小字「主林名《しゅりんな》」も古い地名と思われる。奈良時代に作られた戸籍が平安時代になって人の移動などで役に立たなくなったため、当時の政府は荘園を区画ごとに分けて、それぞれ耕作している人の名前を付けたという。ここは「主林」という名の農民が耕作する田（名田）が、土地の名前として残ったとする。

（滝川進）

メモ

比企郡と比企一族　1954（昭和29）年に市制が敷かれるまでは、東松山市は比企郡松山町だった。比企の名は奈良時代初頭の律令国家が成立した頃に、既に比企郡と呼ばれていたという。この比企の名が歴史上で脚光を浴びるのは「比企禅尼」など、比企一族の存在だ。比企尼は鎌倉幕府を開いた源頼朝の乳母で、平家の天下でまだ島流しされていた頼朝に、比企一族が手を差し伸べ、初の武家政権誕生を支えた。比企氏は、鎌倉幕府で実権を掌握した北条氏に滅ぼされた。

【所沢市①】「野老」の葉を市章に

所沢市は埼玉県の南端で東京都と接し、交通の便が良いことから、日本の経済成長とともに人口が増え、今では34万人を抱えている。昔は違った。江戸時代の前は、荒涼とした武蔵野台地の真ん中にあり、東山道武蔵路や鎌倉街道沿いに家々が並ぶ宿場だった。

所沢という地名の由来も、室町時代、東国に出向いた高僧が当地の寺に寄り、この地を「野老沢《ところさわ》」と呼んだため、というのが通説だ。市は、これにちなみ、市章にヤマノイモ科の植物「野老」の葉を図案化し、採り入れている。

◆野老をさかなに酒を飲む

「(野老は) 野生する自然薯《じねんじょ》のようなものです」と所沢市の木村立彦文化財保護課長。地名の由来は確定しているわけではない。他にも「在原業平が命名した」『アイヌ語だった」などの説があるが、信ぴょう性が薄く、野老が有力になった。

高僧というのは聖護院門跡の道興准后《どうこうじゅごう》で、東国に下った時の『廻国雑記』に「野遊ひの　さかなに山の　いもそへて　ほり求めたる　野老沢かな」と歌を詠み、野老沢で野老をさかなに酒を飲んだと書いている。准后は、天皇の近親者、または功労のあった公家・武家・僧侶を優遇する称号。

所沢は明治期に入り、町村合併、区画整理を繰り返し、市内の地名も移り変わった。それでも現存地名を手繰っていくと、おぼろに昔の姿がよみがえる。

◆新田義貞ゆかりの地

小手指。「コテサシ」と読む。1333（元弘3）年、上野国（群馬県）の新田義貞が鎌倉街道を駆け上がり、小手指ケ原で北条軍と激突、鎌倉幕府を滅亡に追い込んだ。所沢には、新田義貞ゆかりの名前があちこちに残る。北野にある白旗塚、誓詞橋は義貞が源氏の白旗を立て、軍兵から討幕の誓詞を取った所という。東村山市にほど近い将軍塚、勢揃橋は義貞が陣を構え、陣営を整えた、と言い伝えを残す。

コテサシは手の防具から籠手指とも書く。戦場からイメージした当て字だろう。内野弘著『所沢の歴史と地理』によると、由来は諸説あり、「サシ」はアイヌ語の「チャシ」で、砦《とりで》の意味。またサシは「サス」と同じで、焼き畑に多い地名という。はっきりとは分からない。

◆地名に残る歴史

はっきりしているのは北野だ。西武池袋線の小手指駅からバスで10分。鳥居をくぐり境内に入ると、本殿の周りに史跡などがある。北野地名由来の碑もある。995（長徳元）年、武蔵の国司が京都の北野天神社から分霊を勧請し、坂東第一北野天満宮と定めた。北野天神社である。この時から、この地一帯を北野と呼んだという。

縁起となると、栗原真彰禰宜《ねぎ》の話に熱がこもる。区画整理で神社所在地が「北野」から「小手指元町」に変わったため、北野由来碑を建てた。

歴史をとどめる地名は数多い。所沢の西の狭山丘陵。湧水が集まり柳瀬川、東川をつくる。昔、水を当て込んだ麓の村に三つの集落があった。「三ケ島」の由来という。

平安時代、武蔵国司の平頼任《たいらのよりとう》が丘陵の南西部に土着し、村山氏になり、この一族が各地に分かれ、大井、宮寺、山口、金子、荒波多、久米、仙波、難波田を名乗った。一族の名が地名に残っている。

（中伏和男）

メモ **所沢市の人口**　人口34万4317人、16万3368世帯。1947年は5万人にすぎなかったが、戦後、うなぎ上りに増え続けた。市は、少子化の影響で、人口は逆に2020年ごろから減少に転じるとみており、2060年を目標年に「人口27万人の維持」を掲げている。

【所沢市②】水不足に悩み続ける

所沢の歴史は水不足に悩み、水飢饉《ききん》と格闘する歴史である。地名を探ると、それが分かる。

武蔵野台地は火山灰の関東ローム層が厚く 、地下水は地中深く流れている。水源となる所沢の川も、南から北に柳瀬川、東川、砂川堀、不老川と少 。

その上、砂川堀は水量が細い。不老川は冬に水が枯れ、年を越さないので不老川と名が付いた。

中世や近世、住民は水を井戸に頼った。「所沢には娘を嫁にやるな」と言われたのは、きつい井戸の水くみが主に女性の仕事だったからだ。「火事は土で消せ」とも言った。

◆用水は井戸が頼り

江戸時代、江戸が日本の中心になると、近郊を直臣が所領し、江戸に通じる道も整備された。所沢は宿場町として市が立つほどにぎわった。幕府の号令で新田開発も進んだ。

明治まで、宿場の名残をとどめる小字名が残っていたが、今はない。それらしい名は「有楽《ゆうらく》町」で、大正まで「裏（浦）町」といった。字を変え有楽となった。元は宿場の裏通りのこと。

宿場に不可欠な用水は無論、井戸である。住民の井戸への執着は強く、江戸の後期、学者の斎藤鶴磯《かくぎ》が、『武蔵野話』に「上、下新井の地名は、新居（新開地）に由来する」と書いたところ、住民が怒り、「地名は井戸に由来する」と訴えた（『所沢市史研究』）。

住民が反論の根拠の一つとした井戸は、今も伝承遺跡「弘法の三ツ井戸」（弘法大師が教えた井戸）として、西所沢に残っている。

◆「とみ」か「とめ」か

1694（元禄7）年、川越藩主となった柳沢吉保は大規模な武蔵野台地開発に乗り出した。「三富新田」開拓である。開拓地は1400ヘクタールに及ぶ。真ん中に幅6間の広い道を通し、両脇に約5ヘクタールの短冊形の割地（奥行約700メートル）を作って農民を入植させた。道に面し、奥に向かって屋敷、耕作地、平地林と並ぶ。

広大な新田地を3村に分け、上富、中富、下富と名付けた。今も三芳町に上富、所沢市に中富、下富の地名が残る。

「三芳町と三富の読み方が違うんです。三芳町は『さんとめ』。所沢は『さんとみ』です」（埋蔵文化財調査センターの根本靖所長）。吉保は「富」の名を論語の子路編「曰く之を富まさん」から採った。「普通に読めばトミでしょう」という。

「村の文書に、『富』ではなく『留』と書いたり、『トメ』と仮名が振ってあるのもあって、当時の呼び名を残したい」（三芳町立歴史民俗資料館の岡野賢人学芸員）

大切な遺跡だけに、両者のこだわりは強い。

◆新田は畑作中心

新田といっても水利が悪いので、畑作が中心である。三富も水は井戸に頼った。当初は引き水を計画したが、試行錯誤の結果、断念。吉保は11の深井戸（20〜30メートル）を掘り、村の水源とした。当然、これでは足りない。農民は水がないので、「茅湯《かやゆ》」と言い、水を使わず、体の汚れを茅で拭い取った。「富岡」に伝承が残っている。『新編武蔵風土記稿』によると、中富近くの「岩岡」の地名は、開発した岩岡氏が由来。富岡は合併時、三富と岩岡から1字ずつ採った。

（中伏和男）

メモ **三富新田** 新田は生産性が低かったようだ。三富は開拓から2年後、川越藩が検地を実施、5年間免租にしている。主な作物は、茶、サツマイモなどで、サツマイモは川越に運ばれて出荷し「川越イモ」として有名になった。

【所沢市③】人口増で新地名次々

西武線所沢駅は東京に通う会社員、学生たちで混雑する。池袋、新宿に向け電車が次々に発着。所沢は池袋線、新宿線の乗換駅だ。池袋だと、急行に乗れば約30分で着く。

所沢は、戦後の復興、高度経済成長とともに東京のベッドタウンとして人口が急増した。沿線で大規模な団地や宅地の開発が進み、新しい地名が続々誕生した。

◆新しい町のラッシュ

戦後の人口増は、開拓農家の入植から始まる。終戦直後は、海外からの引き揚げ、復員が続き、食糧難もあって開拓は時代の要請だった。所沢も入植を受け入れ、開拓地に「新郷」「松郷」「和ケ原《わがはら》」の新地名が生まれた。

経済成長が始まった1957（昭和32）年。東京の人口膨張に伴い、西武新宿線北所沢（現・新所沢）駅の西口側で「ニュータウン計画」が進みだす。日本住宅公団（当時）が大規模な住宅団地を建設、所沢はこれを機に、ベッドタウンへと大きく姿を変える。

地名は公募したところ「緑町《みどりちょう》」が圧倒的に多かったという（『市史研究』）。開発が進むと、民間会社も次々と参入、榎町、松葉町、美原町、弥生町、北所沢町、花園と新しい町のラッシュとなった。駅名も改称され、開発は、泉町、青葉台、向陽町と続く。町名は住民の公募、通称を採用した所が多かったようだ。

◆交通の便と相乗効果

開発は市内のほぼ全域に及んだ。西武鉄道が所沢を乗換駅に、池袋、新宿に乗り入れる今の路線を整えたのは52年のこと。所沢発展の動脈となった。73年には国鉄（現ＪＲ）武蔵野線が開通。東所沢駅ができ、周辺地域を区画整理の後、駅名が地名になった。隣駅の新秋津から、柳瀬川を渡ると北秋津に入るが、「秋津」の地名は、『新編武蔵風土記稿』などによると、耕作に向かない「悪土＝渥土《あくつち》」、または平安時代、当地に赴任した高官の名が由来という。

駅の増設や路線バスの拡充など、交通の便が良くなると、相乗効果で宅地化が進み、人口増に拍車がかかる。所沢の人口は、合併もあって、50（昭和25）年に約5万2千人が、67年10万人、76年20万人、90（平成2）年に30万人を突破している。

◆基地の7割が返還

天気の良い日曜、祭日の昼下がり。子供のはしゃぐ声が響き渡る。航空記念公園。所沢は「航空発祥の地」

をアピールしている。

所沢に日本初の飛行場ができたのは11（明治44）年。滑走路もあり、航空技術や整備を学ぶ陸軍の教育機関があった。終戦後、約300ヘクタールが米軍に接収され、基地になった。

基地は所沢市の真ん中にある。返還は住民の長年の悲願で、陳情、署名活動、デモ行進などの結果、これまで約7割が返還された（1971年に約6割返還、78、82年に境界域を部分返還）。「あくまで全面返還です」（大舘寿貴所沢市基地対策室長）

基地跡地は、字名「並木」を地名に採用した。跡地には、航空公園駅を開設、公園、市役所、図書館、防衛医科大学校などができている。

（中伏和男）

メモ

飛行場と水不足　所沢の慢性的な水不足は、大正時代、井戸水を電動ポンプで吸い上げ、高架の貯水槽から水を落とす簡易水道が普及してやっと一息。しかし1934（昭和9）年、大干ばつで市内のほとんどの井戸が干上がり、大井戸（深さ127メートル）を持つ飛行場から給水車が出た。浄水場と配水管を持つ上水道の完成は37（同12）年のこと。

【飯能市①】 榛木　ハンナーラ　判乃

飯能《はんのう》という市名には柔らかな響きがある。飯能市立博物館の尾崎泰弘館長の話では、飯能市の地名の由来には幾説かあって定まっていないという。

◆由来に3説

その諸説を紹介したい。一つは「榛木《はんのき》」が繁茂した地域。榛野《はんの》、榛生《はんのう》と連想される。今でも飯能市は森林面積が75%を占め、市は地域振興策として「森林都市宣言」をしている。

二つ目は朝鮮語の「ハンナーラ」を語源とする。ハンナーラは「大村」、「大野、大川」を意味する。飯能青年会議所の機関紙の名前は『はんなーら』である。

また、戦国時代の地元豪族、「判乃《はんの》氏」の居館が、現在の市内の中心部にあったからという説もある。判乃が飯能に転化したのかもしれない。

◆高麗の子孫

ハンナーラ説が出てくる背景は、716（霊亀2）年、時の朝廷が、今の飯能市や隣接の日高市、狭山市などの一帯を「高麗郡《こま》」と定めたことだ。朝廷は、古代朝鮮半島北部の国、「高句麗《こうくり》」から渡来して関東に住んだ子孫1799人を高麗郡に集め定住化を図った。当時の日本人は、高句麗のことを高麗と呼んだ。

高麗郡設置に先立つ668年、高句麗は唐（中国）などの連合軍に滅ぼされ、高句麗の亡命者が大挙して渡来した。1799人といえばかなりの規模の人数だ。飯能市史は、当時の在来からの住民を約3200人と推定するので、在来住民と高麗人はほぼ2対1の比率である。時の朝廷は、窯業や養蚕など専門技術に優れた渡来人を未開地に住まわせ、地方の生産力を高める狙いがあったとされ、高麗郡もその典型的な例だった。

「高麗人が携えてきた土器」は飯能市内から出土したが、常陸国（現茨城県）の窯で焼かれたことが確認されている。関東一円からの高麗人の集団移転の状況をはっきりと証明している。炊飯具や貯蔵具など一式を携えてやってきたのである。

常陸国のほか駿河、甲斐、相模、上総、下総、下野の計7カ国から移住。飯能市内の発掘調査では、移住者は最初湿地を水田とし、その後山間部に進出している状況が分かる。

◆文化の入口

高麗郡は、1896（明治29）年、隣接の入間郡と合併するが、高麗郡の歴史は1180年間の長期に渡って続いたことになる。その影響は地域に大きな影響を及ぼした、と考えられている。

例えば、市内にはかつて「高麗横丁」と呼ばれた小さな通りが残っている。古老でないと、もう忘れられているという。高麗横丁を北に行くと、飯能市に隣接する日高市西部の旧高麗村に突き当たる。高麗人は、新しい技術ばかりか異なる文化をもたらしたので、高麗横丁はさしずめ「文化の入口」だったのかもしれない。

明治時代、高麗郡の最南に位置する村々は、合併に当たり「南高麗村」と命名されている。村々は村名を巡り争ったが、最後に高麗の名が出るとまとまった、と飯能市史は書いている。高麗の長い歴史効果だったのだろう。その後、南高麗村は飯能市に合併されたが、今でも「南高麗地区」と呼ばれ「高麗」の名が残っている。

（金田哲郎）

メモ◆銘木の産地　市政施行は1954年。地域で産出するスギ、ヒノキは江戸時代からの銘木。ハイキングや川遊びなど観光も目玉。2019（平成31）年には、宮沢湖畔に「ムーミンバレーパーク」がオープンした。西武線の整備で東京への通勤客が増え一部ベッドタウン化も。人口7万9246人、3万5467世帯。

【飯能市②】明治天皇登り「天覧山」

「天覧山」と聞けば、懐かしい思い出のある人も少なくない。長瀞などと並んで格好の遠足コースだ。秩父連山の東端にある標高195メートルの小山だが、西武池袋線飯能駅から近い便利さが受ける。山頂からは新宿副都心や秩父連山、さらに富士山も見渡せる。春のサクラとツツジ、秋の紅葉と自然豊かだ。天覧山を起点に手軽なハイキングコースが整備され、高齢化社会の健康対策としても人気だ。

◆名称変更2度

天覧山は2度、名前を変えている。古くは「愛宕山」の名で親しまれてきたが、江戸時代、5代将軍綱吉の生母桂昌院が麓の古刹《こさつ》、「能仁寺《のうにんじ》」に羅漢像を奉献したことから「羅漢山」に。

1883（明治16）年、一帯で2千人規模の陸軍大演習が行われ、明治天皇が視察のため登頂、天覧山と呼ばれ有名になった。富国強兵時代の名残である。

1868（明治元）年には、この能仁寺に江戸から逃れた幕府軍が陣を敷き、官軍と戦う戊辰戦争の地域版「飯能戦争」が起きている。2千人とも3千人ともいわれる官軍が、500人程度の幕府軍を1日で制圧した。能仁寺は焼失するなど市内に被害をもたらした。

明治天皇の陸軍大演習実施は、飯能戦争が影響していると指摘する地元の郷土史家もいる。明治政府は、戊辰戦争の一舞台となった地域で、上昇中の力を誇示する狙いがあったという。能仁寺は、江戸時代の地域の領主の菩提《ぼだい》寺だが、飯能市の歴史に大きな役割を果たしてきた。

◆体験型ツアー

市内を歩いていると、いつもハイキング客に出会う。飯能市の推定では、ハイキング、ウオーキングなど自然に関連した観光客は年間70万人。同市では、外国人観光客を呼び込もうと、策を練る。秩父、長瀞、川越市は外国人観光客の人気を集めつつあり、観光資源のある飯能市としてもチャンスを生かしたい。

今、体験型の「エコツアー」に力を入れる。「地域の人が地域の言葉で地域を案内する」システムだ。能仁寺での座禅入門会や武蔵野観音三十三番札所の名刹、「子ノ権現《ねのごんげん》」天龍寺巡りなど、多くのコースを準備する。

標高640メートルの同寺は、山岳仏教特有の空気を漂わせ、冬の晴れた日には東京湾まで見渡せる。飯能の人にとってはなじみが深く、子ノ権現は事実上地名扱いとなっている。足腰守護の神仏として知られ、奉納物には大わらじなど足腰に関係するものが多い。

◆**ムーミンパーク**

市内の宮沢湖に、北欧の「ムーミン」をテーマにした本格的なテーマパークの誘致に成功、2019年3月16日オープンした。ムーミン一家が暮らすムーミン屋敷、ムーミンの物語を追体験できるアトラクション、物語に登場する灯台など日本初のムーミンパークと銘打つ。

宮沢湖の「宮沢」地区の名称。戦前、造られた広大なかんがい用の池だ。西武鉄道が遊園地や動物園を経営していたことがある。

天覧山と並ぶ遠足コースは、入間川の「飯能河原」。夏には多くの川遊び客でにぎわう。飯能河原は、かつて上流からいかだで運ばれた銘木、西川材の集積場だった。材木が主力産業の飯能市にとって、歴史を刻む場所でもある。

（金田哲郎）

メモ

自然と静寂　飯能市の面積の75％は森林で占められ、豊富な自然と静寂は、観光資源の目玉だ。都心と交通の便が良くなっていることで、自然が好きな在日外国人が住みたい街として人気が出ていると指摘する不動産業者もいる。都心のオフィスに通う外国人の姿が飯能駅で散見されるようになっている。

【飯能市③】江戸の町に銘木供給

◆西の川筋

飯能市が誇るスギ、ヒノキの銘木「西川材」の名前の由来は何か。具体的な地名ではなくて、江戸での呼び名だ。江戸から見て「西の川筋から筏《いかだ》に組まれて流入してくる木材」という意味で付けられた名称、といわれている。

世界級の人口100万人都市、江戸は全国各地からさまざまな物品を買い集めた。西川材のように物品の名称も自分たちを中心にして呼ぶほどの購買力があった。

西川林業地帯と呼ばれるのは飯能市を中心とした入間川など荒川水系流域の市町村である。適度な雨量と比較的温暖な気候がスギ、ヒノキの生育に適している。

1324（元亨4）年には、秩父夜祭で知られる秩父神社の造営材が「我那（現飯能市吾野）」と「那栗（同市名栗）」に割り当てられた。14世紀、地域の間では銘木としての評価があったことが分かる。

◆筏と鉄道

その後、木材を大量消費した江戸が西川材の在り方を大きく変貌させ、入間川水系を使った筏による運送をもたらした。江戸まで入間川（上流を名栗川と呼ぶ）、荒川（地域では大河の意味で大川と呼ぶ）を通行し4、5日かかった。

飯能市の筏流しの流域には、川に関連していそうな「川寺《かわでら》」、川と小山に挟まれた「矢颪《やおろし》」などの地名が残っている。この間、自然林の伐採から植林事業への転換も行われた。

地域にとっては昔語りとなっている入間川の筏流しの光景だが、1915（大正4）年、武蔵野鉄道（現在の西武池袋線）飯能駅が開業するとともに消えた。水量が増減して常時使えない入間川に代わり、鉄道での大量輸送となった。このため材木が周辺の山林から飯能市に集められ、飯能駅周辺には材木店や材木置き場が集積、飯能市は「材木の町」として発展した。

◆材木の町

日本の林業生産は、第2次世界大戦後の復興と持ち家が推進された高度成長期に飛躍的に伸び、大正時代植林を展開し備蓄の多い西川材は売れに売れた。しかし、67（昭和42）年がピークで、以後安価な輸入材に押され衰退していく。飯能市の林業関連の会社も急減した。製材木店や材木置き場は駐車場、マンションに取って代わられたが、材木の町時代の雰囲気を残す家が少し残っている。

このため、飯能市は、色やつやが良く、木目がそろった西川材の優れた工芸性を活用する方針にいち早く転換した。地元で西川材に付加価値を付ける。西川材を中心に木材林業組合に約50社が集まる。NPO法人「名栗カヌー工房」は名栗湖近くに立地、カヌー作りの本格工場として有名となった。家具、建具、木工品まで用途は拡大する。

飯能市は公共施設に西川材を積極的に利用。飯能市立図書館は、明治天皇が登頂したことで命名された天覧山の麓にある。130本の西川材のスギ磨き丸太を骨組みに大量使用、館内も内装、書架、カウンターなどほぼ全面的に使い、さながら西川材図書館となっている。来館者の気持ちが安らぐ木材の効果は大きく、本の好きな市民の憩いの場だ。市内の公共トイレやベンチにも西川材の活用が進み、東京などから訪れる多くのハイキング客には好評だ。（金田哲郎）

メモ **西川材代理店** 江戸時代後期、飯能市名栗の代表的な山林地主の町田家は、江戸の材木取引の中心地、深川などに5軒の材木問屋を持つまでに至った。西川材の江戸での総代理店となり、西川林業の発展に大きく寄与した。

【飯能市④　旧名栗村】薪の採取場が由来か

旧名栗村は、銘木・西川材のほか、江戸末期に起きた武州世直し一揆の震源地として知られ、歴史に興味を持つ人々が頻繁に訪れる。

名栗は「那栗郷（名栗郷）」として、1324（元亨4）年、秩父神社の造営文書に出て来る。江戸期に上名栗、下名栗の2村となり、1889（明治22）年、合併して名栗村が誕生。2005（平成17）年、飯能市に編入合併した。

旧名栗村や飯能市で、文化財保護に長く携わり、『名栗の歴史』などを編さんした島田稔さん（82）に聞いた。

◆ヤブバヤシ

名栗という地名の由来は諸説ある。『新編武蔵風土記稿』は「栗木多く、名産を出せるによる」と紹介している。島田さんは「名栗は三つぐらい考えられる。①『風土記稿』にある、立派な栗の木があった ②川の急流がえぐっていくことを『なぐり』という ③薪を取る所を『なぐり』という」。

島田さんは、「一番（妥当と）思うのは、『たきぎ』説」。『飯能市史』によると、芝など燃料用の雑木などが生えた「ヤブバヤシ（雑木林）」の名前を「ナグリ」「クレバヤシ」などと言い、「クレ」には薪という意味もある。「ナグリ」は「クレキ」から転じたと説明している。接頭語としての「ナ、那」には「多い、美しい」という意味もある。

そのほか、『地名語源辞典』は「入りこんだ谷間」、『埼玉県地名誌』は、「くり」には石ころや岩、崖の意味があり、名栗川沿岸の崖から来たという説も紹介している。

ネット上には「タヌキが多くいたため」という説も。ハングルでタヌキを「ノグリ」と呼ぶことから、名栗となったという。名栗近くの日高市や飯能市などには、朝鮮半島で滅亡・亡命してきた古代国家・高句麗の人々が多く住むようになったことが背景にある。

◆いもうらみ

下名栗にある「芋浦美《いもうらみ》」。かつては「一口」と書いて「いもうらみ」。ヤツガシラを大好きな人が、大きなヤツガシラを一口で食べたところ、喉につかえて亡くなり、「芋恨み」や「一口」と書くようになった言い伝えがある。そこではイモを食べないという。

「論地山《ろんじやま》」は、赤沢村（飯能市）と村境について、論争をしたことが伝承として残っているから。

「濱居場《はまいば》」は、神さまをお祭りする場所で、由緒ある名前。諏訪神社があり、その辺の一帯を濱居場と言う。神さまをお祭りする獅子舞をする境内がある。

「湯澤《ゆのさわ》」は昔、湯が出ていた。シカの伝承があり、猟師がシカを撃ち殺したら、水温が下がり、水になったという。

◆雨乞いの寺

有間川の奥、有馬大淵には竜神伝説があり、曹洞宗龍泉寺は雨乞いの寺。雨乞いに各地から大勢来る。立ち止まると、そこに雨が降るので立ち止まらずに、電車の中も座らずに歩いていた、という。

「根古谷」は山城の麓。県内には何カ所もある。「名郷」は、川でちょっと広くなっている開けた場所。「馬場《ばんば》」は「番をする所」。馬は出てこない。

「随量」は土地が開けた所。「神出《じんで》」は湿地帯。神さまは関係ない。「蝉指《せみざす》」の「指《さす》」は焼き畑で、セミが鳴いている焼き畑。

櫃澤《ひつざわ》、津邊曾《つべぞ》は不明だ。

『風土記』や『武蔵国郡村誌』には数多くの小字が紹介されているが、ほとんど忘れられている。島田さんは「昔は『名郷へ行ってくる』というと昔の人は分かった。今は分からない」という。（福井広信）

メモ　**武州世直し一揆**　1866（慶応2）年6月13日、米などの高騰に苦しむ上名栗村の農民が、名郷の正覚寺の信徒を中心に蜂起、米価の引き下げや質草の返還などを求めた大規模な一揆。武蔵国の秩父、高麗、多摩郡などに波及し、十数万人が参加、要求に応じない豪農宅など約500軒を打ち壊し、物価高騰は開国が原因ということで横浜へ向かう動きもあった。7日間で鎮圧されたが、世直しを求めた一揆は、徳川幕府の崩壊を早めたともいわれる。

【坂戸市①】万葉歌にも詠まれる

坂戸市は県のほぼ中央、入間台地の北側にある。秩父山地から高麗川がくねくねと曲がり、坂戸の西を貫いて北の越辺川《おっぺ》と合流する。合流した越辺川は坂戸の東を流れ落ちる。人口約10万人。川に縁取られ、緑豊かな地域だ。首都圏から45キロ、古代は東山道武蔵路が通る交通の要衝でもあった。万葉歌にも坂戸の地が登場する。

◆素朴な恋歌

東武東上線の坂戸駅始発の越生《おごせ》線で二つ目の駅、西大家駅から歩いて5分足らず。東京国際大学坂戸キャンパスの玄関口横に「入間道の　大家が原の　いはゐつら　引かばぬるぬる　吾にな絶えそね」の万葉歌碑が立っている。

説明書きによると、「大家が原」は、この辺りと推定できるという。野に生える「いはゐつら」という植物は、引こうとしてもぬるぬるして切れない。そのように、私たちの間も切れずに続いてほしい、という大意。「いはゐつら」は、定説はないが水生植物のジュンサイのようなもの。

坂戸駅に戻り、越生線沿いに1キロ、土屋神社の裏にも「くれなゐの　浅葉の野らに　刈る草《かや》の　束の間も　吾を忘らすな」の万葉歌碑がある。歌の意味は、草の刈り取りに心を寄せ、ほんの少しの間も私を忘れないでください、と訴える。二つの歌碑とも素朴な恋の歌だ。もっとも、歌に詠まれた地が歌碑の地というのは、確証がなく、異説もあってあくまで推定だ。

◆「境戸」が有力

坂戸の地名の由来は、集落の境目、「境戸」とする説が有力だ。平安時代後期に活躍した坂戸判官教明が在住したため、という伝承もあるが、『新編武蔵風土記稿』は、考え難い、と書いている。

坂戸の北部に「入西《にっさい》」という珍しい地名がある。県発行の『さいたまの地名』によると、鎌倉時代、入間郡の東を「日東《にっとう》」、西を「日西《にっさい》」と呼んだ。その名残という。

面白い伝説がある。奈良時代、武蔵に3本の足を持つ白鳥の権化・天魔がいた。矢を放ち退治したので、矢を射た地を「射魔《いるま》（＝入間）」と言い、天魔を祭った地を「日祭《にっさい》（＝入西）」と呼び、天魔を射落とした地を「入射《にっとう》（＝日東）」と呼んだ、という。

◆根付く文化

「坂戸には国宝、重文はないが、文化財を大切にする気持ちは負けない」（島田誠一坂戸市文化財保護審議会委員長）。坂戸の文化財は、地域の地名や伝統芸能に根付いている。入西から高麗川を挟んだ対岸の先に「片柳《かたやなぎ》」の地名がある。

中世から伝わる地名で、1486年、聖護院門跡の道興准后《どうこうじゅごう》が東国巡歴の際、この地に立ち寄り「ひとしほの　みどりになびく　糸はげに　春のくるてふ　片柳かな」と詠んでいる。

坂戸駅の西にある「浅羽《あさば》」も古い地名である。万葉歌碑の「浅葉」も、浅羽の同義とみている。『埼玉県地名誌』（韮塚一三郎著）によると、元は越辺川に臨む入間郡浅羽郷に由来する。武蔵七党の「児玉党」に属する「浅羽氏」の在所だった。韮塚氏は、浅羽は浅場の意。越辺川の水辺、湿地が広がっていたのだろう、という。

（中伏和男）

メモ **越生線**　坂戸の交通の動脈の一つ。路線距離は10・9キロ。前身は越生鉄道で、元は高麗川の砂利を坂戸に運ぶ鉄路だった。JR八高線で越生駅ができたので、越生まで延伸し、坂戸―越生間の旅客輸送を始めた。

その後、東武鉄道が買収。近年、利用者が増え、越生まで7駅の乗降客を合算すると、1日平均延べ4万人を超える。坂戸市の人口は10万487人、4万6452世帯。

【坂戸市②】越辺川 実りも氾濫も

坂戸市の北を縁取る越辺川は、高麗川、都幾川《ときがわ》、さらに飯盛川《いいもりがわ》の水量をのみ込んで市の東を入間川へと下る。太くなった水量は昔、低地を湿地にし水田をつくり、実りももたらしたが、農民は川の氾濫にも苦しんだ。地名を探ると、昔と今が見えてくる。

◆水害防ぐ神社

川の西、「塚越《つかごし》」に義家塚がある。鳥居と祠《ほこら》がある。『新編武蔵風土記稿』によると、平安時代後期の武将、源義家（八幡太郎）が奥州征討の折、川の氾濫で足止めされ、塚に腰掛けて休んだ。それが地名の由来で、古くは「塚腰」と書いた。

「洪水は頻繁でした。昔、農家は軒に小舟をつるしていたらしい」（島田文化財保護審議会委員長）

近くにある大宮住吉神社。縁起によると、959（天徳3）年、水害から村人を守ろうと、水に縁深い長門国（山口県）の住吉神社の分霊を勧請した。

村の信仰は厚く、神社を盛り立てようと、今に続く伝統の神楽が有名だ。4月の例祭、氏子たちが太鼓、笛を鳴らし、境内の神楽殿で昔ながらの面、舞台衣服をまとい無言劇の神楽を奉納する。

◆**流域は生活圏**

川沿いの「紺屋《こんや》」の地名。『埼玉県地名誌』によると、古称は「コウヤ」で、「荒野」とも書き、開墾奨励のため地租を取らなかった土地という。

塚越の北に遺跡「勝呂《すぐろ》廃寺」がある。「勝呂」は歴史を刻む名で、1889（明治22）年、越辺川西側の4村が合併し、中世の「勝呂荘」にちなみ「勝呂村」を名乗った。遺跡や施設に地名が残る。

「寺域や建立の目的など、具体的なことはまだ調査中です」（坂戸市立歴史民俗資料館の藤野一之係長）。昭和50年代、越辺川近くの台地発掘で、7世紀ごろの寺院跡が見つかった。塔の先端に付ける「相輪《そうりん》」が出土し、大規模寺院か、と注目を浴びた。遺跡の東に東山道武蔵路が通っていたことも分かっている。流域は古くから人が行き交う生活域だったのは間違いない。

◆**農業も人づくりも**

坂戸も首都圏郊外都市が持つ特有の悩みを抱えている。1975（昭和50）年から5年、坂戸の人口伸び率は市比較で全国トップだった。首都圏のベッドタウン化が進んだためだ。76（昭和51）年、5万人台の人口が団地の建設ラッシュなどで、2007年、10万人に。そして少子高齢化。今度は人口減が課題になっている。

地名に新しい顔も見せる。02（平成14）年、市の北側に自然との調和を願い、新地区「にっさい花みず木」ができた。市が命名した。

市政2期目の石川清市長は「農業も大事、人づくりも大事」と熱弁を振るう。「坂戸に小中学校の給食センターはありません。地元の農作物を中心に学校単位で給食を作る。学校にクーラーも入れた。中学生は毎年、英検も受ける。学力も人づくりのうち」「公民館を地域交流センターにしたい。子供もお年寄りも集える場にし、地域が自ら地域をつくる市政を目指す」。前を向く姿勢を強調している。（中伏和男）

メモ　**郷土の偉人**　「日本の製紙王」大川平三郎は坂戸の出身。1860（万延元）年、旧横沼村（現坂戸市横沼）で生まれた。渋沢栄一のおいで、書生として勉学の後、欧米に学び、製紙技術の向上に努めた。次々に製紙会社を設立し、成功すると、地元にも貢献。水害予防の堤防や教育資金に私財を投じた。

【鶴ケ島市①】「鶴が松に巣」の伝承

鶴ケ島の市名は「鶴が松に巣を作った」という伝承からきている。鶴は木の上に巣を作らない鳥なのだが、15世紀中ごろ、上杉家が関東管領のころ、村人が沼地の小高い土地で「鶴が松の巣から飛び立つのを見た」と届け出た。

当初は、小字名だったが、1889（明治22）年、町村制が施行され、12の村と二つの新田が合併する時に、新村にはめでたい名前がふさわしい、と「鶴ケ島」の名が付いた。人口が増え、村が町になり、市になっても名前は残った。

今では、コウノトリ、サギなどを鶴と見間違えた、というのが通説になっている。

◆吉兆を現実に

「見間違いでもいいんですよ」と鶴ケ島の齊藤芳久市長。

「村民が元気をもらっただろうし、松の下に鶴が巣を作ったのかもしれない。伝承の真偽より、吉兆を現実にしていくことの方が大事です」

地名の由来には異説もある。ツルは細長い形を示す表現で、細長い島状の丘の意味ではないか、という説（『鶴ケ島町史』）。どちらが本当か分からないが、市長の説明はなるほどと思わせる。

鶴ケ島市は、県の中南部、入間台地の東側にあり、川越市、日高市や坂戸市と接している。首都圏に近く、戦後に人口が急増。1966（昭和41）年、人口が約1万人となったため、村から町に。昭和60年代に5万人を超え、91（平成3）年に市となった。現在の人口は約7万人。

◆立ち入り禁止

鶴ケ島の発祥の地は「脚折《すねおり》」地区にある。珍しい地名だ。江戸時代、「臑折」とも書いた。『埼玉県地名誌』（韮塚一三郎著）によると、鳥取県中津地方に、2月初午《はつうま》を「スネオリ」と言って、山に入らない言い伝えがある。「山の神が木を数える日なので、人が入ればスネを折る」という戒めだ。県発行の『さいたまの地名』は、この説を引いて、立ち入り禁止の土地だったのではないか、と推定している。

脚折地区に隣接する「高倉」地区。ここもなぜ高倉なのか、はっきりしない。「高倉福信《たかくらのふくしん》」ゆかりの地、という伝承もある（『町史』）。高倉福信というのは、奈良時代の立志伝中の人物。『続日本紀』によると、武蔵の高麗郡出身で、渡来系氏族。相撲が強いことで評判が立ち、宮廷官吏に登用されて、武蔵守を務め、従三位の身分にまで上り詰めた。

しかし、この説は客観的根拠に乏しく、支持する意見は少ない。「クラ」は古語で「穴」の意味があり、地形から「高い所の窪地」の意味、というのが有力だ。

◆日光街道の痕跡

高倉から西、日高市に接して「町屋」地区がある。「マチヤ」と読む。ここは中世、鎌倉街道が通っていた。街道沿いに定期的に市が立ったので、この名が付いた。

日光街道も高倉、臑折の道筋に痕跡を残している。江戸時代、日光東照宮に通じた街道で、川越街道と交わる十字路に「才道木《さいどうぎ》」という珍しい地名を残す。「道祖土《さいど》」の意味、道祖神ゆかりの名とみられている。才道木から高さ73センチ、石造りの道しるべが発掘され、市の文化財となっている。

（中伏和男）

メモ

日光街道の桜並木　脚折を通る日光往還は、八王子に住む武田家の遺臣「千人同心」が日光警護のため通った道で、「千人同心街道」とも言われた。うっそうと茂る松杉の並木道だったが、台風などで倒れた。惜しんだ鶴ケ島の地元民が私財で桜の苗木を植え、今は桜並木として親しまれている。鶴ケ島市の人口は6万9918人、3万1765世帯。

【鶴ケ島市②】竜神のまち　伝統守る

鶴ケ島市は「竜神のまち」でもある。ちなみに鶴ケ島のゆるキャラは「つるゴン」くん。かわいい竜、ドラゴンのイメージキャラだ。

4年に1度、夏のオリンピックの年に開く「脚折雨乞《すねおりあまごい》」。約300人の男衆がそろいの法被を着て、ほら貝を吹き、麦わらで作った36メートルもの竜神を担ぎ、脚折の「雷電池《かんだちがいけ》」で、勇壮な雨乞いをする。市を代表する伝統行事だ。

◆目立つ「新田」

伝承によると、昔、日照りが続いた時、村人が池のほとりで雨乞いをすると、池にすむ大蛇（竜神）が聞き届け、雨を降らせた。ところが江戸時代、干拓で池を小さくしたところ、大蛇が逃げてしまい、祈っても雨が降らなくなった。伝統行事は、竜神復活の願いを込めている。

農作業に水は不可欠。まして開拓地にはなくてはならない貴重な資源だ。鶴ケ島は、昔、ほぼ原野だった。開拓に次ぐ開拓の歴史を刻んでいる。地名に「新田」の名が目立つのもそのためだ。

市の東にある「五味ケ谷《ごみがや》」「上広谷《かみひろや》」。古くは「広谷郷」に属した。「広谷」は荒野と同義。「原野を開墾した土地」のことで、開墾奨励のため地租が免除された。『埼玉県地名誌』によると、「五味（ゴミ）」は泥地の意味。

◆川崎平右衛門

「高倉」の「三角原《さんかくばら》」に、川崎平右衛門《へいえもん》の陣屋跡がある。三角原というのは、川越街道と日光街道に挟まれ、地形が三角なため。

川崎平右衛門は、8代将軍吉宗の時代、武蔵野の開墾にらつ腕を振るった。もとは押立村《おしたて》（現東京都府中市）の名主だったが、幕府代官にまで昇格。開墾に疲れ逃げ出した農民でも、戻れば、準備金として「立帰料《たちかえりりょう》」を支給。農民に肥料を貸し付けて返済は収穫物にした。

陣屋跡には「川崎大明神」のほこらが立っている。『新編武蔵風土記稿』の太田ケ谷《おおたがや》、三ツ木《みつぎ》、脚折、新田、上新田、中新田、下新田の各村紹介文に川崎平右衛門の名前が見える。

江戸時代後も可耕地は遅くまで残った。戦後の食糧難では、共栄、富士見、鶴ケ丘、高倉に開拓村ができて、引き揚げ者や富山、北海道からも入植者が入った。

◆交通の便

今の鶴ケ島に昔の原野の面影はない。市の中央を関越自動車道、首都圏中央連絡自動車道（圏央道）が十文字に貫く。

「高速道ジャンクション（ＪＣＴ）が市の真ん中にあるのは珍しいです。しかし高速道ができると、道路で市民が分断される恐れもあり、雨乞いのような市民が集まる伝統行事は大事だと思ってます」（蔀島康之・教育委員会生涯学習スポーツ課主幹）。保存会の平野行男会長も「来年も東京パラリンピックの後、雨乞い行事はやります。地域と人の絆を強めたい」（２０２０年の行事は新型コロナウイルス感染拡大防止のため中止）。

開拓の後も鶴ケ島市には新しい課題が生まれている。首都圏に近い地の利、高速道整備の交通の便をどう生かすのか。「大企業の工場立地が具体化している。消費財の工場なら、工場の製品を使ったテーマパークも検討したい」（齊藤芳久市長）。新しい道が見えているようでもある。新地名ができるかもしれない。（中伏和男）

メモ **旧坂戸飛行場**　東武東上線若葉駅前、鶴ケ島市富士見地区は、元の坂戸飛行場跡地である。昭和16年、陸軍は航空兵力増強のため、230ヘクタールの土地に陸軍航空士官学校坂戸飛行場を整備した。戦後、入植者が入る開拓地となり、その後、住宅地と工業団地を併設する現在の街並みに変貌を遂げた。

【日高市①】高麗の里　1300年の歴史

日高市や隣の飯能市などこの付近一帯は古来、高麗《こま》郡として1300年もの歴史がある。8世紀末に編さんされた歴史書『続日本紀』には、「霊亀2（716）年、関東7カ国に住む1799人の高麗人（高句麗からの渡来人）を移住させて高麗郡を造った」という趣旨の記述がある。

◆朝鮮半島と深い縁

高麗の名から想像できるように、この地は朝鮮半島と縁が深い。7世紀、朝鮮半島では高句麗、百済、新羅の3国が覇権を競って戦いを繰り返した。歴史の教科書に出てくる白村江の戦い（663年）で百済と倭（日本）の連合軍が敗れて百済が滅亡。5年後の668年には高句麗が唐と新羅の連合軍に敗れ高句麗も滅亡した。百済や高句麗の王族や家臣たちの多くが倭に亡命した。渡来人たちは中国から伝わった文化や技術を日本各地に伝えた。

◆亡命者が国造り

それから半世紀。なぜこの地に高句麗人（高麗人）を集めて高麗郡をつくったのだろう。

日高市教育委員会の文化財担当の松本尚也さんは、「この付近は縄文時代以降の弥生時代や古墳時代の遺跡がほとんど発掘されておらず、人々が居住しにくい原野だったようだ。そのため、移住させやすかったのではないか」と推測する。

高麗人たちからの強い要望や、渡来人の力を利用して律令時代の国の基盤づくりを進めたいとする中央政府の思惑が一致したことも要因だったのだろう。

高麗郡の成立や発展に大きな役割を果たしたのが高麗王若光《じゃっこう》だった。若光は高句麗滅亡の2年前、政府使節として倭に支援を求めた使者の一人「二位玄武若光」で、亡命の形で日本に残り高麗氏の始祖となったとされる。

若光はすでに相当高齢だったと想像できるが、高麗郡建郡を中央政府に働き掛け、移住に際しても高麗人たちを取りまとめ、この地を治め、人々を励ましながら祖国からの技術を使って荒れ地を開拓していったのであろう。

◆日和田山に由来

日高という地名はまだ新しい。現在の日高市の市域は、1889（明治22）年、町村制施行によって高麗郡高麗村、高麗川村、高萩村の3村となった。「高麗郡」の名は、その7年後の96（明治29）年、「入間郡」に編入されて消失した。

1955（昭和30）年に高麗村と高麗川村が合併した。その際町名を公募して日高町になったという。その翌年には高萩村が加わった。

なぜ日高に落ち着いたのか。地域を代表する山である「日和田山」の「日」に高麗、高麗川の「高」を付けたというのが一番有力だ。新たに加わった高萩にもやはり「高」が付いていたことも好都合だったようだ。「ここは日本の高麗である」ので日高と呼んだのだ、と主張する人も一部にいる。

日高町は91（平成3）年、市制施行によって日高市となった。（滝川進）

メモ
日高市 県中央の、やや南に位置。関東平野の西の端にあって、東に向かって開けている。西側が外秩父山地、北に毛呂山丘陵が連なり、南は高麗丘陵を挟んで飯能市とつながる。自然が残る日和田山や、近年注目されるようになった巾着田の曼珠沙華公園、そして古来の伝統を受け継ぐ高麗神社が有名。人口5万5408人、2万4318世帯。

【日高市②】高麗神社と「巾着田」

日高市を代表する名所といえば、一つは高麗神社であり、もう一つが観光スポットとして近年、注目されている巾着田の「曼珠沙華公園」だろう。

高麗神社は、高句麗からの渡来人若光《じゃっこう》を祭神として祭る。「高麗氏系図」には、若光が亡くなった際、「従って来た貴賎相集い、屍を城外に埋め、霊廟を建てて、高麗明神と崇めた」とあり、これが高麗神社の始まりとされる。

◆火災で焼失

神社の主任学芸員の横田稔さんによると、同神社は13世紀に火災に遭って、それ以前の文物がほぼ全て焼失、それ以前を伝える品がほとんどないという。その後、高麗氏は、奈良の大峰山で修行して山伏（修験者）となるなどしながら血脈をつなげてきた。現在、高麗神社は若光から数えて60代目の高麗文康氏が宮司を務める。

◆1300年記念

日高市では、高麗郡の建郡から1300年に当たる2016年を中心にさまざまな記念イベントを繰り広げた。高句麗の古代装束をまとった市民たちの「にじのパレード」は、最も参加者が多かった16年春には約3千人が市内を練り歩いた。

高句麗の古墳壁画に描かれている流鏑馬《やぶさめ》のような騎射競技大会も16年まで5回開かれた。04年以来毎年開かれている「渡来人の里フォーラム」や歴史シンポジウムも続いている。

高麗神社は一連のイベント開催においても大きな役割を果たしてきた。神奈川県大磯町には高麗という地名があり、高麗人たちが初めて上陸した所と伝わる。そこの「高来神社」（高麗大権現）から高麗神社まで約100キロを4日間で歩く「高麗王・若光ウオーク」も16年から開催されている。

皇室とも関係が深く、16年9月には、天皇皇后両陛下（現在の上皇ご夫妻）が私的訪問の形で高麗神社と巾着田を訪れて関係者を驚かせた。ここが小説の舞台になったり、参拝した政治家の6人が総理大臣になったりしたことで、遠方から多くの参拝客でにぎわっている。

◆偶然の産物

巾着田はその名の通り、高麗川が巾着の形のように丸く湾曲しているところから付いた通称だが、地名ではない。近くの日和田山から見た景色が巾着田のように見えたため、この名がついたようだ。郷土史家の関孝夫さんによると、似たような湾曲はかつて3カ所あったが、現在では流れが変わり、曼珠沙華（彼岸花）で有名な巾着田だけが残った。

この低地に曼珠沙華の花が咲き誇るようになったのは、偶然の産物のようだ。地元の文化、歴史に詳しい加藤英雄さんによると、宅地開発が進み、この付近を貯水池にする話があり、市が農地を買収した。ところが地質調査の結果や住民の反対で計画は頓挫。残された市有地の下草を刈ったところ、奇跡のように彼岸花がたくさん咲くようになったという。

それが今から30年ほど前のこと。最近は、秋の彼岸のころ500万本ものヒガンバナが咲き、約25万人もの観光客が訪れる。

（滝川進）

メモ

高麗郡　「高句麗」の人々が集まってつくったのに、なぜ高句麗郡ではなく高麗郡なのか。5世紀初めごろ、高句麗最盛期の時代、高句麗自ら自国を「高麗」と記述。日本は古く日本書紀などでもその記述に従っている。ただ、なぜ「こま」と読むのか、明確な根拠はないという。「こま」の地名は、ここだけでなく、東京の「狛江」市、山梨県「巨摩」郡、神奈川県大磯町「高麗」、大阪府（河内国大県郡「巨麻」郷）など全国各地に残っている。

【日高市③】高麗の姓持つ武士団

鎌倉時代以降、武蔵国では「武蔵七党」に代表される武士団が活躍する。土地を開墾し、財産を守るために武装し、合戦には恩賞目当てに参戦した。

日高付近には「高麗」を姓とする武士団が三つあった。高句麗から渡来したとみられる「渡来系高麗氏」、武蔵七党系の「丹党高麗氏」、桓武平氏の流れをくむ秩父氏から出た「平姓高麗氏」。

◆「垣内」が散在

武士などの一族（小豪族）が住んでいたと推測できる地名が「垣内（かいと、がやと）」。垣根に囲まれた武家屋敷を意味し、もともとは近畿地方の言い回しだったが、他地方へも広がったようだ。

高萩地区には「かねこがやと」「ろくろうがやと」「こあみがやと」などの小字地名が散在していた。堀に囲まれた屋敷を示す「堀の内」の小字もあった。

戦国時代、関東を支配した小田原北条氏（後北条氏）は、北からの勢力に対抗するため、八王子、川越、松山などに城を築き、兵員や軍需物資を移送するため街道や宿場を整備した。天正年間（１５８０年前後）には「高萩」にも宿場が設けられた。月に6度の市が立つ「六斎市」でにぎわった。

後北条氏が整備した街道や宿場は、江戸時代には徳川家康を祭る日光東照宮と八王子を結ぶ「日光脇往還」（五街道以外の主要街道）として発展。八王子の千人同心が日光の火の番を交代で務めるために活用された。

高萩は八王子から6番目の宿場だが、千人同心一行は泊まらず、立ち寄る程度の「継立宿」にとどまった。本陣・脇本陣はなく旅籠《はたご》が数軒、全体でも約30軒の家並みがあるほどだった。

◆高句麗人が移住

高萩の名は、古く8世紀の高麗郡建郡と関係があるとの言い伝えがある。千葉県北東部にある香取市（合併前の「栗源町《くりもとまち》」）では、住んでいた高句麗人が故国の名を一字取って「高萩村」、村を流れる川の名を「句麗山川」と名付けたという。ところが、716年に朝廷の命令で渡来人たちは武蔵国に引っ越していったという。高麗に移った村人たちは村の名を高萩にしたという。

「栗坪」については、ここが栗の名産地で、壷《つぼ》に蓄えた栗が翌春まで味が変わらないことからその名が付いた（『風土記』）と伝わるが、高句麗の「句麗壷」だったとの説もある。

◆「女影」と戦

高萩地区の中では、「女影《おなかげ》」という珍しい地名が古くから伝わる。8世紀の前半、高麗郡ができて最初に造られたとされるのが「女影廃寺」だ。JR川越線の武蔵高萩駅の南側にある廃寺跡とみられる遺跡からは、複弁八葉蓮華文の軒先瓦など寺院に関係する遺物が多数出土している。この瓦は、7世紀後半に天皇家が初めて造営した奈良の川原寺の瓦が祖形であるという。

『風土記稿』は、女影伝説として「付近にある千丈が池（現在の仙女が池）に投身したおせんという女性の影が池に時折映ることから起こった」と伝える。近くには女影ヶ原古戦場跡もあり、当時の戦に関係が深い逸話であることは確かなようだ。(滝川進)

メモ

3廃寺 高麗郡建郡から間もない8世紀に女影廃寺のほか、大寺廃寺、高岡廃寺の三つの寺院が建立されたという。日高市内にその遺跡が残る。ひとつの郡に3寺院が作られる例は極めて少ないという。瓦の生産や木材の切り出し、大きな建物をつくる技術、仏具や経典の入手など高度な技術を持った工人集団と経済力が必要だからだ。それだけ高句麗からの渡来人が力を持ち、中央政府からも信頼されていたのであろう。

【新座市①】渡来人が移住し開拓

新座市は県の南端にある。市の境界の半分近くが東京都に接していて、都心に近く、ベッドタウンとして急速に人口が膨らんだ。1966(昭和41)年、約4万人の人口が、8年足らずで2倍以上の10万人、その後もじわじわ増えて、現在は16万6220人、7万6430世帯。

古い歴史も抱え、奈良時代、朝鮮半島の新羅の渡来人が武蔵国に入植し、「新羅郡」をつくった。新座という地名は、その「新羅」の名を引き継いでいる。

◆**新羅が新座に**

『続日本紀』によると、新羅郡の設置は758（天平宝字2）年。新羅の帰化僧32人、尼2人、男19人、女21人を武蔵の閑地に移住させた、とある。閑地とは未開地のことで、当時は荒涼とした原野だっただろう。続いて760年、新羅人131人も移住。新座市史は、この時代、大和朝廷と新羅の関係は険悪で、朝廷は新羅人を集めて支配下に置き、東国の開拓に当たらせた、と推測している。

そのせいか、新羅郡は平安時代に入ると、名前が変わり、「新座郡」となった。『新編武蔵風土記稿』によると、読み名は「爾比久良《にいくら》」で、「座」を「クラ」とは読みにくく、「新倉」とも書いた。「ニイザ」となったのは、江戸時代の1717年で、幕府が郡名の読み名を統一してからだ。

◆**焼き畑が由来**

そのニイザも1896（明治29）年、北足立郡に編入。新座の名前の復活は戦後の1955（昭和30）年。当時の「大和田町」と「片山村」が合併し、新町名を「新座」と決めてからである。新座がここで息を吹き返した。

新座で武蔵野の面影を探すと、「野火止塚」がある。平林寺境内にある盛り土だ。説明書きに「火勢の見張り台」とある。

「野火止《のびとめ》」という地名は、昔、この地は放牧地で、牛馬につくダニを退治、若草を成長させるため野火を付けた、という説（埼玉地理学会編『風土記さいたま』）。渡来人の火田、焼き畑農業の名残とする説とあり、焼き畑説が有力。古代、中世、火の管理は人々の大事な仕事だった。

面白い伝承も残る。在原業平が主人公という『伊勢物語』をもとに、昔、男が女を連れて原野の草むらに逃げ込んだ。追手が火を付け追い出そうとしたところ、女が「武蔵野は　けふはな焼きそ　若草の夫もこもれり　吾もこもれり」と詠んだので、火が止まった。それで野火止。近くに、業平塚もある。

◆台地を開発

平林寺は約13万坪の広大な古刹《こさつ》。境内の雑木林は、武蔵野をしのばせ、国の天然記念物になっている。関東屈指の紅葉の名所でもある。川越藩主松平信綱の廟《びょう》がある。信綱没後の1663（寛文3）年、岩槻からこの地に移った。電力王と呼ばれた松永安左エ門の墓所もある。

信綱は野火止台地の開発に執念を燃やした。農家55軒を移住させ、耕地を短冊形に仕切り、お金、米も貸し付けた。しかし水不足はいかんともしがたく、開発着手から2年後の1655年、玉川上水から分水して、全長24キロの野火止用水を開削する。農民は手を合わせて用水堀を流れる水を拝んだという。

このころ、「野火止」「北野」「菅沢」「西堀」の新田4カ村ができた。菅沢の名は、農夫11人が現在の横浜市菅沢地区から移住してきたため、と古文書にある。

（中伏和男）

メモ　**松永安左エ門**《まつながやすざえもん》　「電力の鬼」とも言われ、茶人「耳庵」としても有名。1875（明治8）年、長崎県壱岐に生まれ、慶応義塾に学び、福沢桃介《ふくざわももすけ》（福沢諭吉の婿養子）と親交を結んだ。電気業中心に実業界で活躍。戦後、GHQ、電力業界と渡り合い、持論である9電力体制の民営化を貫いた。電気料金の大幅値上げも断行。1971（昭和46）年、95歳で死去。

【新座市②】「駅」立地巡り綱引き

新座市の玄関口は、東武東上線だと志木駅。JR武蔵野線の新座駅もあるが、開設は志木駅の方がずっと古い。駅も新座市にある。なのに名前は志木。新座市民には違和感が残るが、これには背景がある。明治・大正時代、停車場の誘致を巡り、志木と新座（当時大和田町）で激しい陳情合戦を繰り返した。結果、志木側に軍配が上がった。

◆巻き返し

都心の池袋と川越方面を鉄道で結ぼうという構想は明治時代からあり、当初は新座地域を貫いて川越街道沿いに敷設するはずだった。しかし鉄道の将来性を見込んだ新河岸川の舟運業者が、豊富な資金力を使い、猛然と巻き返し。計画が新河岸川寄りに変わる。「東上鉄道」が池袋—「田面沢」（現・霞ケ関付近）を開業、志木駅を開設するのは1914（大正3）年。6年後、東上鉄道は東武鉄道と合併し今の形になった。

当時の志木駅の南（新座）側は、畑、山林で、人が出入りする出口もなかった。志木駅に南口改札口ができるのは、戦後の60（昭和35）年のことである。

東武東上線は志木、新座市の境を走る。その境目に新河岸川に向いて駅舎を造った。北側は、商家が軒を並べ、人の行き来が絶えずにぎわっていた。

◆栄えた宿

その南口を出て、右に折れると柳瀬川に出る。一帯は「大和田」地区で、古くから開けた。「ワダ」は、やや広い平地のこと。水が乏しい武蔵野台地にあって、柳瀬川は宝のような水源だった。鎌倉時代にも「武蔵国新倉郡大和田郷」の名前が見える。

奥州古道もここを通り、大和田宿も栄えた。郷土史家の神山健吉氏によると、ワダは「歩いて川の対岸に渡る、『ワタル』が語源かも」という。

大和田に真言宗「普光明寺《ふこうみょうじ》」がある。伝承だと、開山は806（大同元）年。もっとも、この年は空海が唐から帰国、『新編武蔵風土記稿』は、信じ難いと書いている。はっきりしているのは鎌倉時代で、同寺地蔵堂の千体地蔵は鎌倉2代将軍源頼家の奉納と伝えられ、両墓制（墓石と埋葬場所が違う風習）の墓石も境内墓地に数多くあり、昔をしのばせる。近くを鎌倉街道が通る。

◆馬頭観音

大和田から川越街道沿いに東京に近づくと、鬼鹿毛《おにかげ》の馬頭観音石像に出合う。伝説によると、秩父の庄の小栗という侍が急用で、愛馬鬼鹿毛を駆って江戸に出向いた。大和田宿を過ぎる頃、馬は松の根につまずき、転倒してしまう。しかし、すぐに起き上がり、主人を乗せ江戸へと急いだ。用を済ませた主人が、帰ろうとしたところ、愛馬がいない。仕方なく帰路に就くと、転倒した場所に愛馬の遺骸を見つけた。鬼鹿毛は、転倒で息絶えたのだったが、魂が姿を取り戻し、役目を果たしたのだという。

さらに歩くと、平林寺参道がある。平林寺の向かいに陣屋の地名が残る。高崎藩の飛び地、「野火止陣屋」の名残だ。松平信綱の後、川越藩は、柳沢吉保が藩主に。吉保転封の後、吉保の娘を正室にした高崎藩主松平輝貞（信綱の五男信興の養子）が、祖父の地として所領を願い出た。異例の加増だが、以来、野火止は高崎藩の所領となる。

（中伏和男）

メモ

川越街道　江戸時代の江戸と川越を結ぶ幹線。川越の家康を祭る仙波東照宮が1638年、大火で焼失、家光から再建の命が下ると、新河岸川の舟運とともに、資材や人の往来に重要な街道として整備された。

【新座市③】「野寺の鐘」伝承残す

新座市は北から南に、柳瀬川流域の「大和田」、野火止用水が流れる野火止台地、黒目川流域の「片山」と、大まかに3地区に分かれる。黒目川沿いの片山は、台地を削って広がる平地で、片側が崖の地形から片山の名前がついた。古くから水田があり「片山郷」、「黒目の里」と知られている。平安期の歌で有名な「野寺の鐘」

伝承の里でもある。

◆業平の名歌

15世紀後半（文明年間）、東国を旅し『廻国雑記』を書いた高僧の道興准后《どうこうじゅごう》は、片山の地を訪ね、鐘の名所と聞いたが、今はないと聞いて、「おとに聞く　野寺を問へば跡ふりて　こたふる鐘も　なき夕哉」と詠んだ。「野寺」は、「満行寺《まんぎょうじ》」と伝わり、『新編武蔵風土記稿』によると、一時は、7堂甍《いらか》を連ね、僧侶が充満して読経の声が絶えなかったという。鎌倉時代末期、焼失した。

道興がわざわざ足を運んだのは、平安時代、東下りの在原業平が「武蔵野の　野寺の鐘の声きけば　遠近人《おちこち》ぞ　道急ぐらん」と歌を詠んだ所と伝わっていたためだ。

伝承とはいえ、鐘をほうふつとさせる「野寺」の地名は今も残っている。

◆妙音沢の音色

野寺から黒目川下流に歩くと、「道場」に出る。この地名は「法台寺」に由来する。鎌倉時代、踊り念仏の時宗を広めた一遍上人は有名だが、その後を継いだ「他阿《たあ》上人」が布教の途中、片山に滞在した。念仏道場があったことで、地名になった。

法台寺前住職の岩崎信丈さん（79）は市の文化財保護審議委員を務め、郷土史に詳しい。「当寺には鎌倉時代の時宗の板石塔婆が残っていて、保存展示しています。当時の信仰がうかがえる貴重な文化財です」。

鎌倉3代将軍実朝の側室、久米御前が、実朝暗殺後、この地に逃れ住んだともいわれ、境内に供養塔がある。芝の増上寺を創建した「観智国師《かんちこくし》」が入門、出家した寺でもある。

流れに沿って歩くと「妙音沢」がある。崖の中腹から、湧水が流れ出し、砂利の上を伝って、サラサラと心地よい音を立てる。伝説がある。村に琵琶が上手な目の不自由な子がいた。ある日、夢の中に弁財天が現れ、「妙音沢」に来れば、秘曲を教えるという。その地に行き、明け方うとうとしてると弁財天が姿を見せ、伝授がかなった。

◆知名度アップ

黒目川を上流に行くと、「石神」の地名が残る。江戸時代の「石神村」の名残だ。江戸の文人、斎藤鶴磯《かくぎ》の『武蔵野話』によると、村の鎮守の氷川神社ご神体が石造だったことに由来する。

片山は江戸時代、代官支配地以外を旗本が所領。石神村や野寺村など10カ村に分かれていた。1875（明治8）年、村が合併し片山村になった。戦後、大和田町と合併し、新座町が誕生、市になった。

2020年、市制50周年を迎える。初代の新座町長が親戚筋という並木傑市長の口舌に熱が入る。「これをきっかけに新座の知名度を上げたい。緑はあるし文化財もある。若い世代にも魅力を訴えたい」。

50年史刊行は決まっている。3分冊で、うち1分冊は、新座の史跡や文化財を見て歩くガイド本仕立ての予定だ。

（中伏和男）

メモ　**法台寺の板石塔婆**　秩父の青石で造った卒塔婆。「南無阿弥陀仏」と楷書体で深く彫られ、鎌倉期の特徴を示す。土豪の武士や寺の住職が建てたのであろう。10基が完全な形で残り、高さ2メートルのものも。県の指定文化財。

【志木市①】舟運で栄えた「商都」

志木市は舟運で栄えた街である。県の南部にあり、面積は約9平方キロメートル。真ん中を「新河岸川《しんがし》」が流れ、狭山丘陵を水源にした「柳瀬川《やなせ》」が市の中心で合流する。

江戸時代、合流したところに「引又《ひきまた》」河岸があった。近在の村だけでなく、遠く甲州からも米、麦、サツマイモ、木材や炭などが河岸場に運ばれ、江戸からは上り船で肥料類が届き、にぎわった。郷土史家は「商都」と呼んでいる。現在も首都に近い利便性は同じで、人口は戦後急増し、約7万6千人（2020年）となっている。

◆県が仲裁

志木の地名が文献に見えるのは、平安時代に編さんされた『和名抄』が最初。武蔵国新座郡の説明に、「志木郷」と「余部郷《あまるべ》」とある。志木は「志楽木《しらぎ》」の誤記、志楽が志木になったという説が有力だ。

志木がはっきり地名になるのは、1874（明治7）年、「舘《たて》村」と「引又町」が合併する時で、新しい。

合併後の名称が決まらず難航したが、県が仲裁に入り、昔、志木という地名があったという伝聞から「志木宿」で折り合った。志木宿が志木町になり、いったん「足立町」となったが、1970（昭和45）年、志木名を戻し、志木市となった。

◆引又と舘

志木宿の前、なぜ「引又」と呼んだのかは、定説がない。新河岸川と柳瀬川が合流する地形が、はいつくばったヒキガエルの足に似ているから、という説。船に綱を掛け、上流に引っ張り上げる水夫が、川に入って股をぬらすから、という説。

志木市史などはヒキガエル説が自然と言うが、『埼玉県地名誌』（韮塚一三郎著）は、各地にある「何々俣」と同じで、二つの川の合流から、その名になったという解釈だ。

舘も定説がない。豪族の館があったから、というのが有力だが、江戸時代の学者、斎藤鶴磯の『武蔵野話』によると、10世紀ごろ、武蔵国に馬を飼育・放牧する「立野の牧」があり、これが「立村」になり、「舘村」に変わった、という。郷土史家の神山健吉氏も「一概に捨てきれない説」と紹介している。

◆荷も人も

志木は、新河岸川の舟運で栄えた。舟運の隆盛は、1638（寛永15）年の川越大火に起因する。川越にあった東照宮が焼け、資材を江戸から運ぶ必要があり、ゆったり流れる新河岸川が格好の輸送路だった。

舟運を本格的にしたのは、大火の翌年、川越藩主となった松平信綱で、川幅を広げ屈曲をつけ、船の上り下りを容易にし、河岸場を各所に設けた。河岸場の新設で、「内川《うちかわ》」と呼んでいた川を新河岸川と呼ぶようになった。引又河岸は、近くに市も立ってにぎわい、今も「市場《いちば》坂上《さかうえ》」の地名を残す。

人も運んだ。『川越舟運』(斎藤貞夫著)によると、船にも用途別に種類があり、早船の場合、夕刻に川越や引又を出ると、翌朝9時ごろ千住、浅草の花川戸には正午ごろ着く。船賃は、今の値段で8千円ぐらい。酒を飲み川風に吹かれ、うとうとして寝入る。起きれば、もう江戸だ。さぞ快適な旅だったろう。

舟運は河川改修で、1931(昭和6)年、幕を閉じた。

(中伏和男)

メモ

埋蔵文化財保管センター 志木は川の街。水は人の生活になくてはならないもの。川縁の高台から縄文、弥生、古墳時代などの遺跡が見つかっている。市は2010年、武蔵野原野で生活した先人の生活を学ぼうと、出土した石器、土器などを展示する施設をオープンした。

志木市の人口は7万6454人、3万5362世帯。

【志木市②】カッパの街アピール

志木市内を歩くと、カッパの石像をあちこちで見掛ける。「いろは」の文字も目立つ。

カッパ石像は、駅前、バス停横、川の中など市内に24あり、街並みの雰囲気を和らげる。カッパのゆるキャラ「カパル」は市の広報大使だ。全国コンテストで優勝した実績もある。

施設名などにある「いろは」は、新河岸川をまたいだ江戸時代の歴史遺産「いろは樋《どい》」にあやかった。香川武文市長は「文化財を起爆剤に、住みやすさに注力し、魅力ある街にしたい」と、市制50周年を迎え意欲的だ。

◆いろは樋

荒川、新河岸川に挟まれた地域が「宗岡《むねおか》」。中世から人の行き交う街道筋で、宿場もあった。「宿」は「しゅく」と読み、今も地名が残る。

宗岡の由来ははっきりしないが、『さいたま地名考』（岩井茂著）は、「宗」は棟・胸に通じ、微高地が家の棟、人の胸に似る、という。川に挟まれているので、大雨のたび水害が頻発した。農民は小高く土を盛り、その上に蔵を建て水害に備えた。これが「水塚《みづか》」で、宗岡の風物詩になっている。

洪水で土地は肥えるが、田植えなど肝心な時に水がない。川を当て込もうにも、低地を流れている。農民の、こんな悩みを「いろは樋」が解決した。

◆田子山富士塚

江戸時代、宗岡に知行地があった旗本岡部氏の家臣、白井武左衛門は、野火止用水が新河岸川にそのまま流れ落ちるのを見て、川をまたいで用水を宗岡まで引き込もうと考えた。１６６２（寛文２）年、48の木樋をつなぎ、橋のように長細い木樋を造った。48から「いろは」の名前が付く。

宗岡から市役所前の「いろは橋」を通り、新河岸川右岸に出ると、敷島神社の境内に「田子山富士塚《たごやまふじづか》」がある。富士信仰の築山で、高さ9メートル。

「田子山」は小字名で、「田子」は田んぼで働く人のこと。農繁期には、この山の上でほら貝などを吹き、田子（農夫）を集めた、という（『志木市郷土誌』）。規模や石造物などが比類なく優れ、国の重要有形民俗文化財に指定が決まった。

◆水と折り合い

柳瀬川の川縁近くに、カッパ伝説が伝わる宝幢寺《ほうどうじ》がある。風雨の強いある日、寺の地蔵が川縁で馬のいななきを聞いた。行ってみると、馬がおびえ、脚を踏ん張っている。カッパが馬を川に引っ張り込もうとしていた。地蔵が諫《いさ》めると、カッパは行いを悔いて改心し、川魚を寺に届けるようになったという。

「子どもに元気を与えることができれば、それでいいんです」と、市内の石材店「石榮」代表、内田栄信さん（78）。カッパの石像を造り続けている。30年ほど前、市の美術展に出品したところ好評で、設置の要望が相次いだ。ほとんどが寄贈だ。図書館の前、幼稚園の園庭、駅前……。

「志木のまち案内人の会」前会長の一ノ倉達也さん（83）は「水と折り合いをつけてきた街です。善きにつけあしきにつけ、水と共存してきました」。旧小字名には「高橋《たかばし》」「砂田」「一の橋」「籠島《かごしま》（川の中州、護岸の蛇籠が多かった）」など、川と縁の深い名もあった。

（中伏和男）

メモ **チョウショウインハタザクラ**　長勝院旗桜。柳瀬川沿いに咲くヤマザクラの珍種。5弁の花びらの真ん中の雄しべの一部が旗のように立っていて、新品種と分かった。市は1993年、指定文化財に。カッパと並ぶ市の名物。

【富士見市①】台地の末端　湧水や沢

富士見市は、西側半分が武蔵野台地の末端に位置し、そこから湧き水が低地へと流れ出し、沢や谷を形成している。そのため、「沢」「水」「谷」といった地名が多い。市全体はほぼ菱形をしており、東半分の低地を新河岸川が縦断し、東の市境には荒川が悠然と流れる。

◆古代人が集落

西側の台地は、新河岸川に流れ込む小河川の砂川堀と富士見江川によって三つに分かれている。富士見市史では、これを北から勝瀬支台、鶴馬支台、水子支台と呼ぶ。

付近には、関東ローム層の下の礫《れき》層から流れ出る湧き水が多く、旧石器、縄文、弥生各時代の遺跡が見つかっている。遺物も多数出土し、古代人がその時代時代に集落を形成していた。

市の湧き水ガイドブックによると、湧き水は現在でも三十数カ所あるという。

坂道も多く、「銀馬喰坂《ぎんば》」「尻ったれ坂」「般若院の坂」など変わった名前が残っている。

「沢」は谷あいのことで、古い耕地などに、この名が付いた。現在も地名が残る「上沢」「羽沢」「関沢」のほか、「権平沢」「柿沢」「唐沢」「南沢」とで「七沢」と呼ばれてきた。

羽沢は水鳥が群れをなして羽をすく様子から「羽根沢」となり、転じて羽沢になったと伝わる。

富士見江川はかつて上流に丸池という池があり、江戸時代には、豊富な湧き水を利用して水車による製粉が行われた。「関（堰《せき》）」も設けられ、関沢という地名となったのだろう。

◆元の字は鶴間

鶴瀬村は、1889（明治22）年の村制施行の際に、「鶴馬村」と「勝瀬村」の1字ずつを取ったもので、「鶴瀬」は東武東上線の駅名となっている。

鶴馬は江戸時代以前、「鶴間」と記されていたが、相模国（現相模原市）にも鶴間があるため、江戸初期に「馬」に改めたとある。「ツルマ」の語源は「マ」がアイヌ語でわずかな水面、湖沼という意味があり、そこに鶴がよく飛来したためではなかろうか。

勝瀬は、同地にある榛名神社の棟札に1477（文明9）年「入東郡勝瀬村」と記されており、古い地名だ。名前の由来は諸説あるが、鎌倉時代には当地を領していた勝瀬氏がおり、川の瀬に縁起の良い「勝」の字を冠して名付けたという説もある。

◆水処から水子

「水谷」も村制施行で、「水子村」と「針ケ谷村」から一字ずつ取った名だ。「水子」は、水の出る所「水処」から来たという説が有力だが、名前ゆえに各地にある水子伝説がここでも伝わる。当地の神社や寺社では、流産した胎児や生後間もなく亡くなった赤ん坊を祭る水子地蔵があり、水子供養もなされている。

「針ケ谷」も深く食い込んだ谷に水が湧いているような場所を指すようだ。「針」には「開墾」の意味があるとされ、低湿な地を開墾した場所という意味から来たとされる。

市の北端を占める「東大久保」は、荒川と新河岸川に挟まれた台地にあり、両河川の自然堤防の辺りに集落が形成された。古くは「大窪」と書かれ、大きなくぼ地の意味。明治期に現毛呂山町付近にも「大久保村」があったため、そちらを西大久保、こちらを東大久保にしたという。

（滝川進）

メモ

合併　1889（明治22）年の合併で現在の市域にあった8村が、鶴瀬村、南畑村、水谷村の3村に統合された。この3村が1956（昭和31）年の町村合併で「富士見村」に。名前は一般公募をした結果だという。高度経済成長に伴って東京への通勤圏となり、住宅公団（当時）が団地を造るなどで人口が急増、村誕生時に1万人余だった人口が、町となった1964（昭和39）年には2万人超に。県下35番目の市となった72年には5万8千人になり、その後も増加を続ける。人口11万2127人、5万2931世帯。

【富士見市②】歴史の証人　貝塚と城

市内の歴史を示す代表格なのが「水子貝塚」と「難波田城」である。いずれも調査が進み、「国史跡水子貝塚公園（縄文ふれあい広場）」、「難波田城公園」として整備されている。

◆水難恐れ

地名としては「南畑」となっているが古くは「難波田（難畑）」と書かれた。当地の開拓は奈良、平安時代にさかのぼり、条里制の名残とみられる地名が残る。荒川、新河岸川に囲まれてしばしば水難を受けたことから付いた名ではないかとされる。

江戸時代に入ってもしばしば河川が氾濫し水難に遭うため、村人たちは村の名が悪いためであると考え、江戸中期に「南畑」に改めたと言われる。

南畑には「上南畑」と「下南畑」があるが、上と下は川越城を中心に付けられたもので、川越に近い方が上南畑となっている。

◆難波田城

難波田城は、中世に活躍した難波田氏の居城の跡。鎌倉時代初期に「金子郷（現入間市）」を本拠にした武士団の一人、金子小太郎高範が、当地に移住して難波田姓を名乗ったとされる。『新編武蔵風土記稿』には築城から廃城までの経緯や城郭の構造にも言及している。途中、主家の扇谷上杉氏の敗戦などで支配者が代わったが、北条氏が敗れた戦国時代末期の小田原征伐の際、武州松山城の落城（1601年）とともに廃城となった。

1961（昭和36）年に県の旧跡に指定され、その後、市が城跡の約3割を整備し2000（平成12）年に公園としてオープンした。

◆縄文海進

水子貝塚ができたのは約5500年前、縄文時代前期で、当時この付近まで海が入り込んでいた。これを「縄文海進」と呼び、市内でつくる酒の銘柄にもなっている。海の幸を求めて台地上に人々が住んだ。

1937（昭和12）年に発見され、数回の発掘調査が行われた。その結果、貝などを竪穴住居跡に捨ててできた地点貝塚（小貝塚）が約60カ所あり、直径約160メートルの環状に分布する集落跡であることが明らかになった。

1969（昭和44）年に国の史跡に指定され、94年に公園として開園した。公園から下った坂の下の地名が「貝塚」となっている。

水子貝塚の1・5キロほど西の台地に、さらに古い「打越遺跡」がある。この遺跡は、小学校や付近の住宅の下に眠っており、坂の下にある打越公園では、「鉄の棒を指すとザリザリと貝の層にぶつかる」（市の文化財担当堀善之さん）という。

小字名は「うちこし（打越）」だが、遺跡だけが「おっこし」という読みである。「おっこし」とは、山、谷、川などを越していった向こう側の場所を指していると考えられ、県内には「小起」「歩越」「打越」などの小字名があったという。

市内にはほかにも旧石器時代から近世までの遺跡が全部で60カ所確認されており、うち15遺跡で貝塚が見つかっている。

（滝川進）

メモ

3駅　東武東上線の鶴瀬、みずほ台、ふじみ野の3駅が富士見市の市域にあり、3駅合わせて1日平均の乗降客は16万人近くに上る。鶴瀬は1914（大正3）年にできた古い駅だ。みずほ台とふじみ野駅の歴史はまだ新しい。鶴瀬駅の東口駅前は狭かったが、市役所につながる直線道路を整備、市役所そばに大型ショッピングセンターができたことで、駅の乗降客や付近の通行量が土日を中心に急増している。

【朝霞市①】宮様のゴルフ場に由来

朝霞の名前は、ゴルフ場に由来する。その前、朝霞の地は「膝折《ひざおり》」と言われていた。1932（昭和7）年、東京ゴルフ倶楽部が東京の駒沢から「膝折村」に移転し、ゴルフ場オープンに合わせ町制が施行され、膝折村は「朝霞町」と名前を変えた。ゴルフクラブの名誉総裁が「朝香宮」殿下で、名前を町名に頂き、1字を変え「朝霞」とした。

55（昭和30）年、「内間木《うちまぎ》」村と合併し、67（昭和42）年、急激な人口増で朝霞市が発足する。

◆湧水が点在

朝霞のゴルフ場は当時のビッグニュース。18ホールあり、クラブハウスはガラスとコンクリートのモダンな設計、東洋一の豪華さを誇った。『朝霞市史』は「ゴルフの町に新生する朝霞」「歓喜に躍る」と当時の報道記事を紹介している。東武東上線の駅や郵便局の名前も朝霞に変わった。このゴルフ場がきっかけで、それまで平凡な農村だった朝霞が、がらりと景観を変え、激動の戦中戦後史の矢面に立つことにもなる。

朝霞は武蔵野台地の東の端にある。「水に恵まれた土地柄ですね」と朝霞市の関口豊樹博物館長。市の真ん中付近を「黒目川」が流れ、崖下から地下水が湧水となって出る。黒目川沿い、市の西側にある「泉水《せんずい》」の地名は、昔、湧水地が点在していたことにちなむ。北隣の「弁財《べんざい》」は、「水の神」弁財天のことで、湧水地の傍らに祭ったらしい。

◆馬の放牧

弁財の北側にある「浜崎《はまさき》」。古くから伝わる地名で、15世紀、武蔵野を巡遊した高僧の道興准后《どうこうじゅごう》は、『廻国雑記』に「武蔵野を　分けつつゆけば　浜崎の　里とは聞けど　立つ波もなし」と歌を書き残している。

もっともこれは道興准后の言葉遊びで、浜崎の「浜」は海辺ではなく、土手、堤の意味。「崎」は先端のことで、黒目川の「土手の先」を指す地名だ（『さいたまの地名』）。

黒目川は浜崎の北を流れる「新河岸川」と合流、新河岸川は朝霞水門で「荒川」と接した後、荒川に沿って流れる。荒川が市の北の境界で、新河岸川と荒川の間に広がる平地が「内間木」。

この地名の由来はややこしい。江戸時代の文人、斎藤鶴磯は『武蔵野話』で、10世紀ごろ、武蔵国のこの地付近に馬の放牧地があり、馬にちなむ地名が多いという。「間木」は柵で囲う「牧」に通じる。一方、『埼玉県地名誌』(韮塚一三郎著)によると、「マキ」は牧場だけでなく、同族集団の意味もあり、ここでは内がつくので「自分たちの部落」といった意味という。定説がない。

◆貴族の荘園

朝霞の湧水地を代表するのは「広沢の池」。内間木とは逆の市の南、和光市寄りにあり、平安時代は風光明媚《めい び》な名所だった。道興准后は「むさしのの　広沢にいづる月と日を　あわせ鏡や　二かけの松」と詠んでいる。こんこんと湧き出る水は、近くの湧水「七つ釜」と合わさって「越戸川《こえどがわ》」の水源となり、耕作地の用水に利用され、新河岸川に注ぐ。平安期は、朝霞一帯、広く新座、志木、和光付近まで「広沢の庄」と呼ばれ、貴族や社寺の荘園だった。「広沢」というのは、湧水の広々とした沢という意味だろう(『さいたまの地名』)。(中伏和男)

メモ▶朝霞の遺跡　水に恵まれた朝霞は石器時代からの遺跡がある。遺跡から、石のやり、おの、矢尻が見つかり、縄文、弥生時代の住居跡も。6世紀ごろになると、黒目川岸沿いの台地上に古墳も数多く、前方後円墳の「柊塚《ひいらぎづか》」古墳が有名。出土する土器や埴輪《はにわ》から、多くの人々の暮らしがうかがえる。

【朝霞市②】古い歴史の「膝折宿」

朝霞は戦後、米軍基地を抱え「基地の町」と言われた。現在は、米軍基地がなくなり、跡地も整備。東京都心から20キロメートル圏内と交通至便、静かなベッドタウンとして人口14万3063人、6万7688世帯が住む。元は江戸時代、川越街道の宿場「膝折宿《ひざおり》」として栄えた町である。

◆鬼鹿毛の伝説

膝折は江戸期以前から、市が立つほどのにぎわいだったらしい。武蔵野を巡遊した高僧の道興准后《どうこうじゅごう》は、15世紀、この地も訪れ「商人は　いかでたつらん　膝折の　市にかっけを　売りにそありける」と詠んでいる。「かっけ」は竹で編んだ籠のこと。この地域の特産だった。

地名の由来に伝説が残る。常陸《ひたち》の国、小栗《おぐり》の城が陥落した時、城主の子、小栗小次郎助重は城から脱出、逃げた。途中、宿に泊まったが、なんと盗賊の家。危うく難を逃れ、宿の近くにつながれていた荒馬の「鬼鹿毛《おにかげ》」を乗りこなし、さらに逃げた。が、さすがに長時間を走ったため、鬼鹿毛は膝を折って死んでしまった。その地を膝折という。この伝説、疑わしいという見方も多い。

◆地形が名前に

多くの旅人が立ち寄る膝折宿は、「黒目川」の水車を利用した伸銅業とも関係する。

黒目川は、水量も豊富で、武蔵野台地の端に流れ落ち、適度な落差があって水車には向くらしい。18世紀には、水車を使い、肥料、油、粉などを作り、やがて火箸や馬具など銅製小物を作り出すようになった（『朝霞市史』）。伸銅の始まりにはいくつか伝承がある。膝折宿に泊まった銅問屋が教えた、ともいう。1844年、江戸城本丸が炎上、復旧を急ぐ幕府に銅瓦になる銅板を納入、伸銅業が一気に注目を浴びる。

朝霞には黒目川に由来する地名が多い。大字名の「溝沼《みぞぬま》」。昔、黒目川は川筋が分かれ、沼地を作った。沼地に溝を掘ったという言い伝えがある。

「根岸」は台地の川べりのこと。「岡」は右岸の台地。地形から名前が付いた。

◆「基地の町」

1914（大正3）年、東武東上線が開通、朝霞（当時膝折）と東京がぐっと近くなった。東京から大型施設などが移転してくる。伸銅業は動力が電気に変わり、頭打ちとなった。次に朝霞の顔となったのはゴルフ場である。東京ゴルフ倶楽部朝霞コース。広大な敷地と豪華な設備を誇った。

昭和に入り、戦時色が濃くなると、ゴルフ場を買収して軍事施設が移転。駅前に陸軍被服廠《しょう》分廠、川越街道を挟みゴルフ場跡に陸軍予科士官学校ができた。

終戦で、軍事施設は米軍に接収され「キャンプドレイク朝霞」となった。「基地の町」朝霞は朝鮮戦争当時、最もにぎわった。「南栄《みなみさかえ》」と呼ばれた、川越街道沿いの地区が歓楽街となり、犯罪もあったが、米兵が好むジャズを日本に定着させた。現在の「栄町」の地名は、南栄の名残だろう。

米軍基地は1986（昭和61）年に全面返還。この間、武蔵野線が開通、東武東上線と交わり、新駅「北朝霞」「朝霞台」ができ、交通の便が一層よくなった。基地跡地には自衛隊駐屯地、市役所、公園など公共施設ができている。（中伏和男）

メモ
根津嘉一郎　朝霞と縁の深い実業家である。東武鉄道の社長を務め、南海鉄道などと関わり「鉄道王」の異名を持つ。1860（万延元）年、山梨県生まれ。昭和の初め、朝霞のゴルフ場傍らに根津公園を計画、大きな梵鐘《ぼんしょう》や鎌倉大仏より大きい大仏を製作中に、戦時で中止。東京青山の根津美術館は、氏が収集した古美術品を展示している。

【ふじみ野市①】平成の大合併で誕生

ふじみ野市は、「上福岡市」と「大井町」が2005（平成17）年に合併して誕生した。県の南部にあり、武蔵野台地の北部に位置する。ほぼ平坦だが、西側の比較的標高の高い旧大井町地域から東側の旧上福岡市地域へ、なだらかに下っており、東端を新河岸川が流れている。

◆定説なし

旧上福岡市の市域は江戸時代には、三つの「福岡が付く村」と「川崎」「駒林」の計5村があった。福岡の名は、中世末期（16世紀半ば）の文書に「福岡」が登場するので、それ以前からの古い地名のようだ。『新編武蔵風土記稿』は「安芸（広島県）の福岡村に似たる地形なれば名付たり」と土地の人の言い伝えを記すが、「信とも思われず」と否定的だ。

それより戦国期の大名が自領地に「福・徳・鶴・亀」といった好字をつける風習があり、「（鶴岡や亀岡のように）『岡』の上にめでたい『福』を載せたのでは」という説の方が分かりやすい。だが定説ではないようだ。

福岡の付いた3村の辺りは、中世のころ「福岡郷」と呼ばれていたが、江戸時代に川越藩領と二つの旗本領に分かれたため、「藩領が『福岡村』となり、旗本領が『中福岡村』と呼ばれるようになった。さらに、南側の未開地が川越藩主松平信綱の時に開発され、その地を『福岡新田』と呼ぶようになった」（上福岡歴史民俗資料館・橋本鶴人氏）という。

◆長い参道

江戸時代、三つの福岡村の総鎮守だったのが「長宮氷川神社」だ。平安時代中期の995（長徳元）年に出雲の国の出雲大社から当地に勧請されたのが起源とされるから、千年以上の歴史がある。名前は、同神社につながる参道が長く、盛時には約470メートルもあったことが由来と言われる。同神社のある場所は、区画整理で「長宮」の地名となっている。

1889(明治22)年に5村が合併して「福岡村」となった。村の名は、3村が「福岡」の名称だっただけでなく、川崎、駒林も新河岸川の別称である「福岡河岸」の沿岸に位置していたため、すんなりと決まったようだ。「福岡」「中福岡」「福岡新田」は、いずれも現在、地名として残っているが、区画整理などが実施された結果、面積は大幅に縮小している。ただ、新たに「上福岡」や「元福岡」「福岡中央」「福岡武蔵野」など「福岡」の付く新しい地名がたくさん登場している。

◆ご破算

昭和30年代以降、高度成長期が続き、東京への通勤圏として開発が進んだ。東武東上線の上福岡駅の両側に「霞ケ丘」と「上野台」という大規模団地が造成されて人口が急増した。1960(昭和35)年には福岡町となり、72(昭和47)年には市に昇格した。その際、名前は「上福岡市」となった。福岡県福岡市が存在したため、「上」を付けたとされている。東上線の駅名も14(大正3)年に駅ができたときから「上福岡」である。

平成の時代に入り、隣接の富士見市、三芳町、大井町と合わせた2市2町で大合併する話が持ち上がった。合併協議会も開かれて議論がなされたが、財政が豊かな三芳町の住民投票で反対が多数を占めたため合意に至らず、結局、上福岡市と大井町の合併に落ち着いた。

(滝川進)

メモ **市の名称** 合併の際、名称を巡って隣の富士見市が「万一のことがないように格段のご配慮を」と、ふじみ野の名前を付けないよう〝異議〟を申し立てた。既に東武東上線の駅名として「ふじみ野」(1993年開業)

があったが、駅の場所が上福岡市と大井町に囲まれた富士見市内にあり、「ふじみ野市」では紛らわしいとの主張だった。しかし、住民投票や合併協議会では、「ふじみ野市」の名が圧倒的に支持され、新市名に決まった。人口11万4558人、5万3000世帯。

【ふじみ野市②】古代からの遺跡残る

ふじみ野市は東端を流れる新河岸川に向かって、いくつかの小河川が流れ込んでいる。これらの河川付近には、旧石器時代（約2万7千年前）から、人々が生活した痕跡が残っている。約5500年前の縄文時代前期には、この付近にまで海が迫るなど、海面の上昇や下降を繰り返した。川の流域には「川崎」「滝」「鷺森」「亀居」「本村」「西ノ原」「東台」などいろいろな時代の遺跡が発掘されている。

◆地形や景観

そうした地形や景観を表す地名が今も残る。市の最も北にある「川崎」は、新河岸川が蛇行した地点にある。「村の形三方は新河岸川にて、村の地先川へさし入れたる如くなれば此名を得たり」と『新編武蔵風土記稿』は表現しており、川に突き出した屈曲点にある地名であることは一目瞭然である。

川崎遺跡からは縄文時代の集落跡で、貝塚や土器が出土。弥生時代末期の竪穴住居、平安時代の高床式の建物跡や井戸、鍛冶工房が見つかるなど年代ごとの遺跡が発見されている。

「滝」は滝が落ちていた所との伝承がある。この地区では3世紀後半の古墳時代に入って人々が生活を始めたようだ。新河岸川やその先の低地を一望のもとに見渡せる高台に古墳群が作られた。「権現山古墳群」と呼ばれ、前方後方墳1基と方墳11基がみつかり、墳丘に飾られたつぼや高坏などが最近の調査で発見されている。この前方後方墳は長さが30メートル、高さ1・5メートルほど。

「権現山」の名は、没後東照大権現と呼ばれた徳川家康が鷹狩りに来た際、塚の上で休息したという故事から付いたようだ。

近くには「崖」を表す「はけ」があり、地元の自治会館の名前として残る。川や水に関係するとみられる「川袋」「谷中」「谷津」「百目木《どうみき》」といった地名は小字として存在した。「百目木」は「ザワメキ」「ガラメキ」なども呼称され水の音を形容した地名とされる。

◆戦国時代

市の東端にある「福岡」には、戦国時代の武将が居住したとされる場所に「城山」「天神廻」「湯殿」といったその当時を思い起こさせる地名が伝わっている。

市域の南部を流れる「砂川堀」の南にある「東台遺跡」では、9千年前、市内最古の縄文十器が出土したほか、奈良時代（8世紀）には鉄の生産が行われていたことも判明した。砂鉄から鉄の塊を作るための製鉄炉が7基、燃料となる木炭を焼く窯が10基、炉の原料となる粘土を採るために掘った穴などが見つかっている。

「駒林」の地名の由来は、『新編武蔵風土記稿』にある「昔、林の中に馬が倒れていたと里人が伝えている」とするのが常識的だが、いつごろ命名されたのかは不明だ。

◆舟運と河岸

江戸時代になって、新河岸川を用いて江戸と川越を行き来する舟運が栄えた。1638（寛永15）年に川越の東照宮・喜多院が火事で焼失し、その再建資材を運んだのが始まりと伝わる。松平信綱が川越藩主となって本格的な物資輸送路として活用。

新河岸川は、荒川と並行して流れ、途中で荒川本流と合流して、隅田川となる。全長8里（約32キロメートル）の新河岸川には、明治時代まで沿岸に23カ所の河岸場があり、川の名の由来となっている。

（滝川進）

メモ

福岡河岸記念館　江戸時代から明治中期まで、舟運で栄えた河岸場の一つ「福岡河岸」には往時の様子を伝える貴重な文化遺産がある。回漕問屋福田屋の建物を保存し、当時の人々の暮らし向きを展示している。再現したのは明治初期の舟問屋の様子で、ふじみ野市の指定文化財となっている。主屋の土間には、船大工の書いた図面や川船史料を基に復元した「オカジ」（＝かじ）、屋外には長さ9・5メートルの帆柱も展示されている。

【ふじみ野市③ 旧大井町】大井戸が名前の由来

旧大井町は、ふじみ野市の西側部分を占める。「大井」の名前の由来は、南端を流れる砂川堀の近くにあった「大井戸」とされる。『新編武蔵風土記稿』にも「昔古井などありて、村名もこの井より起こりしにや」との記載がある。

1975（昭和50）年に発掘調査がなされ、大井戸の跡が見つかった。井戸は井筒部と敷石施設からなり、井筒は内径30センチ、高さ30センチの湧き口を保護するように45度前後の傾斜を持って立ち上がり、長軸1・8メートル、短軸1・5メートルの楕円《だえん》形をしている。敷石施設は長方形で最長部が7・9メートルあった。

◆古代から村の中心

この井戸は古代から付近に住む人々の生活飲用水となるとともに、鎌倉街道を通る旅人の喉を潤したと推定されている。枯渇することのない重宝な井戸として平安時代の後半には使用されていたとみられるが、江戸時代の元禄期以降には使われなくなったようだ。

大井戸は発掘の後、埋め戻されて近くに復元井戸がつくられている。

大井戸付近には村落があり、「大井郷（本村）」として村の中心だったことが、発掘調査などで明らかになっている。近くには「砂川堀」の流れる「弁天の森」があり、現在も緑豊かな自然が残っている。

森の由来の「弁天（弁財天）」が、いつごろから祭られていたのかは不明だが、少なくとも江戸初期にはあったようだ。弁天はもともと水のせせらぎの音が神格化されて信仰されるようになったもので、水と関係の深い神だ。

◆消える川

この付近の小河川は冬季や渇水期には関東ローム層に吸い込まれ、中途で流れが消滅した。伏流水化する川は「尻無川」『末無川』『水無川」などと呼ばれた。

「砂川」の名も同様に、川床の砂が見える川ということで付けられたようだ。だが、流路が一定せず大雨が降ると氾濫を繰り返したため、中・下流域は71（昭和46）年から、掘削によって流路づくりが始まり、現在の砂川堀となった。

◆宿場で発展

江戸時代になると、江戸と川越を結ぶ川越街道が五街道の中山道の脇街道として往来が盛んとなり、街道沿いに大井宿ができて発展した。宿場には本陣、旅籠《はたご》、問《とい》屋（人馬を備え、飛脚業務や宿泊の手配をする）などが設けられた。

大井宿が発達するに伴って、村の中心も本村から街道沿いに移った。17世紀末の元禄期の文書には「大井村」だったのが、18世紀初め（宝永年間）のには「大井町」と町に〝昇格〟したことが分かる。

江戸中期以降、この地域は「大井町」と「亀久保村」『苗間村』『鶴ケ岡村」の1町3村だったが、1889（明治22）年には町村合併で「大井村」となり、1966（昭和41）年には「大井町」となっている。

「亀久保」はくぼんだ土地という地形的特徴に、好字の「亀」を付けたとする説があり、江戸中期に新田開発された近隣の「鶴ケ岡」は「亀」との連想から「鶴ケ岡」となったとの説も。（滝川進）

メモ **旧大井村役場**　1937（昭和12）年に落成し、現在も大井小学校の一角に往時の姿で保存されている。完成当時、村人たちが「我が村の象徴」として大いに喜んだ2階建ての洋風木造建築で、2002（平成14）年には、国の登録有形文化財に指定された。玄関部分や内装には手が加えられているが基本的な構造、階段、建具などは当初のまま残っている。

【狭山市①】市名投票で「ねじれ」

狭山市は県の南西部に位置、日高、川越、所沢、入間、飯能の5市に囲まれている。市の南西から北東に入間川、南側を「不老川《としとらず》」が流れる。入間川を挟んで入間台地と武蔵野台地。お茶や野菜など農産物の産地であり、工業出荷額が県内でトップを争うなど工業都市である。

◆僅差

「狭山」という地名の由来については、「山に挟まれたる故」という説に対して、「小さい山という意味」という見方がある。確かに「登山」するほどの山はない。歴史的には、平安時代、「狭山丘陵」に開発された荘園が「狭山荘」と呼ばれた。「狭山」は狭山丘陵にちなんで命名されたといえる。

1954(昭和29)年、「入間川町」と「入間」「堀兼」「奥富」「柏原」「水富」の5村が合併、狭山市ができた。「狭山」という市名は合併した6町村の町村長が市名について、1人2案を投票、一番多かった5票の「狭山」に決まった。「入間(入間川を含む)」は1票差の4票だった。

狭山丘陵にも属していない地域を「狭山」としたことで、「狭山茶」最大の生産地で、後に市制を敷く「入間」との「ねじれ」が生じることになる。元狭山市長の仲川幸成氏は「この時すんなり行けば狭山と入間が逆になった」と話す。

◆残念

『狭山市史地誌編』は「新市域は狭山茶の生産地であり、全国に狭山茶をアピールしようという狙い」と理由を挙げている。同時に「狭山茶の創業地は入間市宮寺であり、狭山市は生産地ではあるが創業地ではない」とも書いている。

さらに「『万葉集』で『入間路のおほがや原の……』と詠まれている」「大化元(645)年に国郡制が施行され、『入間郡』が設置された」と、この地域の由緒ある「入間」とならなかったことを惜しんでいるかのようだ。

合併した「入間川」地区は、『市史』は「天暦の頃(947~956)佐平治なる者、入間川の南岸に沿い、荒れ地を開き居を定む」と紹介している。『埼玉県地名誌』は、村内の神社にある室町時代の応永23（1416）年の鰐口に「入間郷」という銘がある、としている。同地区には「鵜ノ木」「沢」「狭山」など五つの大字がある。「狭山」について、『市史』は「市制施行後の新しいもので、歴史的根拠に基づくものではない。旧名は『峯』と『田中』」としている。

「入間」は、1889（明治22）年に「北入曽」「南入曽」「水野」の3村が合併して誕生した。「入曽」は「入間」の読み間違いともいわれるが、『地名誌』は「谷の奥にある洲」という説を採用している。

「入間」について、『市史』によると三つの伝承があるという。①橘諸兄（684～757）の次男が三本足のカラスを射落とした所なので「射魔《いるま》」と名付けた（しかし大化元年には既に「入間郡」が置かれていると指摘）②アイヌ語の「イルマオイ」（熊の道）③漢字から、谷間が入り込む地形――だが、不明だ。

◆『枕草子』

「堀兼《ほりがね》」は、昔は「堀金《ほりかね》」だった。『太平記』も「堀金」と書いていた。1889年、「堀金」「青柳」「加佐志《かさし》」「東三ツ木」「上赤坂」の5村と「中新田」が合併、堀兼村となった。堀兼神社の境内にある「堀兼の井」が、『枕草子』に取り上げられたり、『伊勢集』に歌が載るなど平安時代から広く知られており、所在地であることをアピールしたとみられる。

（杉山隆二）

メモ **堀兼神社**　1650（慶安3）年3月創建。「浅間様《せんげんさま》」と呼ばれる。社伝によれば、日本武尊が来られた時、水がなく、苦しむ住民を見て、水を得ようと富士山に祈願、水を得ることができたため浅間社を祭ったといわれる。境内にある旧跡「堀兼の井」は県指定文化財。かつては堀兼から富士講で富士山に登る人が多かったという。正月の夕方には、エジプトのアブシンベル神殿のような光の奇跡が起きる。境内の随身門をくぐると36段の石段があり、その上に本殿がある。夕日が石段から本殿を照らしてゆく。狭山市は人口15万49人、6万9778世帯。

【狭山市②】歴史の大舞台に登場

狭山は中世の頃になると鎌倉街道が整備され、入間川宿が交通の要衝となった。鎌倉攻め（1333年）などに拠点として登場するなど、歴史の舞台となってきた。

◆悲恋

市史は、木曽義仲の子清水義高の悲恋を伝えている。義高は、義仲と頼朝の和解のために人質に出されていたが、頼朝と北条政子の娘・大姫と恋仲となった。義仲が討たれたことを知った義高は鎌倉から逃亡。しかし入間川の「八丁の渡し」で追手に殺害された（1184年）。

北条政子は大姫の悲しみを思い、義高の供養のために清水八幡を造営。義高の悲話を地域の人々が語り継ぎ、

「清水八幡」を守っているという。

別の伝承として、政子は「梨の木御殿」を建てた。御殿跡は不明だが、「梨の木」という地名は「入間河原」に残っている。

◆**神話**

「柏原《かしわばら》」は、鎌倉時代の『吾妻鏡』の1189（文治5）年の項に「柏原太郎」の名前が出てくる。柏原に住んだ武士の活動があったのだろう。また奈良県の「橿原」の地名が伝わり「柏原」になったとの説がある。

『地名誌』は「柏の生えていた地」か、「入間川に臨む（傾ぐ）傾斜地」としている。

「奥富《おくとみ》」は、古くは「奥留」だった。地域の梅宮神社所蔵の鰐口《わにぐち》（市文化財）に「応永三十三（1426）年五月三日　武州入東郡奥留郷西方滝梅宮」とある。

1650（慶安3）年、川越城主松平信綱が、この地の稲の実りが良く、年貢を完納したことを喜び「奥留」から「奥富」に改めたといわれる。

「水富」は「上広瀬」「下広瀬」「根岸」「笠井」の4村が合併した。名前の通り、入間川の豊富な水を通す水路が多い。町を歩くと水が豊富な水路に何度も出合う。

「広瀬」は大化元（645）年には出ている古い地名。川幅が狭い浅瀬の所を「八丁の渡し」と呼び、浅瀬の広い所に人が住むようになり「広瀬」という地名となった。このほか「広瀬神社」の伝説によると、日本武尊が訪れた際、入間川の風景が大和国（奈良県）広瀬の地に似ており、広瀬と呼ぶようにと言われたためという。

広瀬神社周辺は高台で、周りは入間河原だったことから、かつて、この地を「中島」と呼んでいたという。川の流れが変わり、地名は消えた。

「新狭山」は奥富、東三ツ木、青柳の一部と川越から編入した地域から、新たにできた。

◆**井戸**

『市史』は「小字」について自然的地名と歴史的地名に分け、由来などについて分析している。自然的地名は「原、野、台、山、丘(岡)、田、川、沢、窪(久保)」と「植物名」「動物名」の付く地名の計11。歴史的地名は「井のつく地名」と「住居地名」「社寺地名」の3分野。小字は250ある。

狭山市内は平地が多く、「野」のつく地名は30もある。「芳野」「三芳野」は「葦(ヨシ)」に関係がある可能性がある。「鶴田」「鶴ノ台」は、鎌倉時代には多くの鶴がいた記録があるという。

上奥富にある「揚櫨木《うつぎ》下」は「空木」とも書き「卯の花」。上広瀬の「蕪榎《かぶらえのき》」は植物ではなく、境界の塚跡らしい。

北入曽の「堀難井《ほりかねのい》」は、井戸を掘るのが難儀な所。上奥富の「梶屋」は「鍛冶屋」の当て字、根岸と笹井にある「金井」も「金鋳」の当て字と考えられるという。近くに鋳物師が信仰する「金山神社」が祭られている。

（杉山隆二）

メモ▶二つの工業団地 狭山市内には「川越狭山工業団地」(狭山市部分は狭山市新狭山)と「狭山工業団地」(狭山

市柏原、上広瀬）があり、県内有数の工業都市を形成している。2019年の製造品出荷額では、狭山市が8・4％（1兆1902億円）で、2位の熊谷市（6・6％）、3位さいたま市（6・3％）を上回ってトップ。

【和光市①】戦中戦後の世相映す

和光の市名は公募の名前である。「平和・前進・栄光」を意味している。1970（昭和45）年、東京の隣合わせという地理的利点から人口が飛躍的に増え、市制が発足した。

その前は「大和町《やまとまち》」といった。これも公募である。太平洋戦争さなかの43（同18）年、地方自治体の強化は国家隆盛の急務とされ、「新倉村《にいくら》」と「白子村《しらこ》」が合併し、町となり町名を公募した。

2度の公募でついた名前は、当時の世相を如実に映し出している。

◆新倉、白子の由来

新倉、白子村の村名は古く、和光を代表する地名だ。

由来をたどると、両村とも奈良時代にまでさかのぼる。758（天平宝字2）年、武蔵国に新羅からの渡来人が移植し「新羅郡」ができた（『続日本紀』）。平安時代、「新羅」は「新座」と名前が変わり、読み名が「にいくら」となった（当時の事典『和名抄』）。

読み名に合わせ、「新倉」の字を当てたりした。江戸時代の地誌『新編武蔵風土記稿』(以下、『新記』)によると、現在の和光市域は新座郡上・下新倉村、白子村となっている。

『新記』は、1688(元禄元)年ごろから、公文書では「新座村」と書くものの、土地の者は「新倉」と書き、やがて「新倉村」が定着した、と述べている。逆に郡名は村と区別して「新座郡」が定着した。

◆新羅と深い関係

和光市駅から北に2キロほど進むと、小高い丘があり、丘の上に「午王山遺跡《ごぼうやま》」がある。旧石器時代から近世までの遺物が出土した遺跡で、和光市教育委員会の調査は15回にも及ぶ。関心が高いのは、『新記』に「新羅王子の居住跡」と伝承が書いてあるためだ。

手掛かりは地名。「午王」は「御房」の転化という。残念ながら、新羅に関係するものは見つかっていない。駅の南東、白子川沿いにも「牛房《ごぼう》」の地名が残っている。牛房コミュニティセンターの裏側、急な崖を登ると、八雲神社がある。小さな神社だが、新羅と縁の深い「牛頭天王《ごずてんのう》」を祭っている。近くの坂道は「天王様の坂道」という。「牛頭天王のことでしょう」と郷土史家の神山健吉氏は話す。

新羅郡は「郡衙《ぐんが》」(郡の役所、中心地)の跡地が依然分かっていない。研究者の調査が続いている。

◆伊賀衆の領地

白子も新羅に通じるという。郷土史家笹沼正巳氏の『大和町の地名研究』によると、「新羅 ↓ 志楽木 ↓

志楽（木）→志良久（四楽）→白子」と転化したのではないか、と推定している。

白子は江戸時代、川越街道の宿としてにぎわい、名を知られた。市が立ち、街道沿いに店家も並んだ。1808（文化5）年、小林一茶が湯治を兼ね、信州へ帰る途中立ち寄り「板橋、上ねりま村、白子駅にて昼食す」（『草津道の記』）と書いている。

忍者で知られる「伊賀衆」の領地としても白子は有名だ。伊賀衆は本能寺の変（1582年）の時、堺を少人数で見物していた徳川家康を守り、無事、伊勢まで道案内した。褒美に、家康がこの土地を分け与えた。

（中伏和男）

メモ

和光市駅 東武東上線の埼玉の玄関口。池袋から準急・急行で14分、2駅目。東京メトロ有楽町線、副都心線の始発駅。有楽町、永田町、新宿、渋谷、横浜も乗り換えなし。駅開設は1934年。陸軍、軍需工場が進出し、米軍基地、基地返還後は企業などが進出。団地建設も進み、環境が激変した。駅名も当初の「新倉」から「大和町」「和光市」へ。駅の歴史は和光の歴史と軌を一にしている。和光市は人口8万4248人、4万2388世帯。

【和光市②】都市化前　湧水の名所

午前8時、通勤・通学客で混み合う東武東上線和光市駅。南口広場の時計塔から懐かしい童謡メロディーが流れる。「緑のそよ風いい日だね……」。戦前の、自然の風味を残す和光を愛した清水かつら（1898〜1951年）作詞の童謡だ。

和光は東京至近のベッドタウンというイメージが強いが、都市化の前、古くは湧水の名所として知られた。白子の水はおいしいと評判で、地下水を使った造り酒屋まであった。

◆平安期の名残

広沢。朝霞市と接する南東の地名だ。同じ名の湧水池「広沢の池」が朝霞にある。ここを水源に、和光市にまたがる「七《なな》つ釜《がま》」の湧水が合わさって、「越戸川《こえどがわ》」をつくり、北の新河岸川に向かって流れる。「七つ釜」は旧字名で、湧水が7カ所あることからついた名前。平安時代、ここ一帯は広く「広沢の庄」と呼ばれ、和光の「広沢」はその名残である。

広沢は戦前、広大な旧陸軍の軍用地だった。近辺に軍需工場もあった。終戦で接収され米軍基地となる。基地が返還され、跡地に自衛隊駐屯地、公共施設、理化学研究所などができた。周辺地には、返還に先立ち本田技研が工場進出。大規模団地の建設も相次ぎ、和光の人口を飛躍的に押し上げる。今の和光の「顔」をつくった。

◆強清水

越戸川が東武東上線を越え、やや北に進んだ所に「強清水《こわしみず》」という湧水名所がある。

昔、働き者で父親孝行の息子が偶然、この湧水を見つけた。飲むと、とてもおいしい。この水を家に持ち帰り病がちの父に飲ませた。なんと水は酒になっていて、父はたいそう喜んだという。父には酒だが、「子は清水」で、「こわしみず」。逸話から名がついた。

和光には湧水の名所が数多く残っている。越戸川と並び、市民に親しまれている白子川。水源は東京都練馬区「井頭《いがしら》公園」などの湧水で、白子川沿いに湧水スポットが多く、江戸時代、白子の豊富な地下水を使った地酒「長泉」が有名だった。にぎわった川越街道白子宿の旅客は水と酒がお目当てだったのかもしれない。

◆吹上観音

市の北東。「吹上《ふきあげ》」地区に出る。吹上は旧字名。高台で、北に荒川が流れ、低地になっていて、北風が吹くと川砂が吹き込んでくる。地形から名がついたという（『大和町の地名研究』）。

「吹上観音」が有名だ。奈良時代、東国巡行中の行基がこの地で観音像を木彫りし、祭ったという。『新編武蔵風土記稿』などによると、江戸時代、この像を祭った「東明寺《とうみょうじ》」境内の観音堂が火災に遭い全焼。ところが観音像は奇跡的に焼け残り、「観音の妙智力」と、江戸にまで話が広がった。「本堂厨子《ずし》の中に、厨子に入った観音像を安置しています。12年に1度御開帳の秘仏です」と藤井英道東明寺住職。

荒川を挟み、和光市と戸田市の境界はいびつだ。和光から袋状に戸田に食い込んでいる。昔の荒川の屈曲をなぞっているためで、ここはかつて「雑丹袋《ぞうたんぶくろ》」と言った。旧字名。「雑談袋」の転化と言われ、隣村（戸田）の村人と雑談ができるほど近かったから、という由来が伝わっている。（中伏和男）

メモ　**清水かつら**　童謡詩人。1898（明治31）年、東京の深川で生まれた。母親の実家が新倉村（当時）で、子供の頃、よく遊びに来た。25歳の時、関東大震災で被災し新倉村に。その後白子村に住んだ。「雀の学校」「靴が鳴る」「叱られて」など数多くの童謡を残す。成増駅南口にも記念碑がある。

【入間市①】利害得失　難産で誕生

県南部に位置する入間市は1956（昭和31）年に合併で誕生した「武蔵町」の時にほぼ現在の形に近くなった。このとき一緒になったのは、豊岡町、藤沢村、宮寺村、金子村と西武町の一部だった。町名を募集した結果、古代から関東南部に呼び習わされてきた武蔵野国の名から「武蔵町」に落ち着いた。

2年後には、南西部にあった元狭山村の一部を編入、10年後の66（昭和41）年には、「武蔵町」を「入間町」に改称した上で、市制に移行し「入間市」となった。さらに1年後、市の北端部の「西武町」が加わった。

この変遷はかなり複雑で、「（入間市の誕生は）各町村の利害得失がいろいろあって、日本でも有数の難産だった」（市学芸員の工藤宏さん）という。地区の独立性が強く、地理的な問題や思惑も重なって、なかなか一つにまとまりにくかったようだ。

◆万葉の昔から

市域はこうして「打ち出の小槌《こづち》の形」（工藤さん）のようになった。市名が公募され、入間（いるま、いりま）のほか、入間野、武州、武蔵など多くの名が挙がった。合併協議会の投票は大接戦で、決選投票で「入間」と「武蔵」の差はわずか3票だったという。

万葉の昔から「入間野」「入間郡」と呼ばれていたことや、この地域の生産物に「入間」の文字が多く使われていること、漢字の「入」は「豊かな収入」、「間」は「太陽を囲んだ平和な生活を営むことを意味する」ことが決定の理由になったようだ。

◆逆転現象

地元の関係者に話を聞くと、隣の「狭山市」との関係についての話題が飛び出す。狭山市は既に54（昭和29）年に市制を施行していたが、狭山市域には「入間野」「入間小学校」など「入間」の入った地名や名称が多い。逆に現在の入間市域には「狭山」の地名が多くあって、「入間の狭山、狭山の入間」といわれるほど、地名の〝逆転現象〟が起きている。

市内は丘陵地帯が多く、縫うように三つの河川が西から東へ流れる。北から「入間川」「霞川」「不老川」で、その間に加治丘陵と狭山丘陵がなだらかな稜線を形作っている。古代から人々が生活しており、縄文時代や奈良・平安時代などの遺跡や遺物が多く発掘されている。

◆中世の武士団

合併町村の「金子」「加治」「宮寺」「藤沢」の名は古くから伝わる。鍛冶屋やたたら師などの「金工」が多く住んでいたのがなまって「金子」になったとか、「加治」も鍛冶屋を連想するが、いずれも、中世の武士団が金子氏や加治氏を名乗った記録が残る。

「藤沢」は源氏の落ち武者に「藤沢二郎清親」という人物がいて、その名にちなんだとの言い伝えがあるが、不老川流域に「フジやクズなどの植物が多く自生していた」との説が有力のようだ。

「宮寺」は狭山丘陵の平坦地に宮や寺が多かったため「宮平」と称したものが、変化して「宮寺」になったとする説など、「宮」にちなんだ三つの説が『県地名誌』に紹介されている。

「豊岡」は比較的新しい名前である。1889（明治22）年の大合併で、「黒須」「高倉」「扇町屋」「善蔵新田」の4カ村が合併した時に、新しい町の将来を祝福するための嘉名として付けられたという。

（滝川進）

メモ **狭山市との合併構想** 平成の大合併の際、隣の狭山市との合併構想が持ち上がった。2005（平成17）年に合併協議会を発足して約1年間、議論を重ね、期日は06年1月1日、対等合併で、市名は「狭山市」、新市庁舎は現・狭山市役所とすることまで決めていたが、合併による得失、自衛隊基地の在り方など意見がまとまらず、両市民間の不信感や反発が広がって、結局「破談」となった。入間市の人口は14万7312人、

6万6418世帯。

【入間市②】狭山茶の最大生産地

「色は静岡、香りは宇治よ、味は狭山でとどめさす」とうたわれる銘茶「狭山茶」。埼玉県南部の狭山丘陵付近で産出するお茶を指すが、最大の産地は入間市だ。生産量の約6割は入間市産であり、市の面積のほぼ1割は茶畑という。狭山茶は、商業ベースに乗る茶の大規模な産地としては北限とされる。

なぜ、入間茶と呼ばないのか。その訳は、1875（明治8）年に、製茶業者30人が「黒須村（現入間市）」に立ち上げたお茶の直輸出会社の名前が「狭山会社」で、この会社が付けた名称とブランドが「狭山茶」だったためと説明されている。

戦後、狭山茶ブランドが上昇、「先に市制を敷いた狭山市に名前を取られたと言ってもおかしくはないですね」と冗談めかして語るのは、入間市学芸員の工藤宏さんだ。

入間市中央部にある「金子地区」や「東金子地区」の台地（金子台）上には、一面に茶畑が広がっている。お茶にちなんだ地名は見当たらないが、金子地区の東西を走る通りは「茶どころ通り」と呼ばれている。

市内には「狭山茶の主産地」の看板が数多く立っている。「自園・自製・自販」が特徴で、市内のあちこちにお茶の販売店がある。

◆5本骨の扇

豊岡地区市街地の中心である「扇町屋」の名は、村社だった愛宕神社のご神体が5本骨の扇だったため付いたとされる。

江戸時代には八王子から日光に向かう日光脇往還にあって、主要な宿継場だった。青梅から川越城下に向かう道も二つあって日光脇往還と合流しており、にぎわいを見せた。現在も市内の商業の中心をなしている。

入間市駅付近はかつて「黒須村」だったが、「扇町屋」との境付近には「上小屋」「下小屋」という地名があった。これは昔、陣小屋があった跡とされる。

「大将陣」の地名もあったが、現在は、駅そばの歩道橋に「大将陣橋」としてその名を残す。2説あり、新田義貞が鎌倉を攻める際に入間川に陣を置いた時（1333年＝元弘3年）と、その20年余り後、鎌倉公方（鎌倉府の長官）足利基氏が陣を敷いた時で、後者の説が有力だという。

◆年を取らぬ川

市の南部を流れる不老川《ふろう》は「としとらずがわ」とも呼ばれ、『新編武蔵風土記稿』では「年不取川」との表記を用いている。由来は、秋の雨期を終えて年の暮れが近づくと水がなくなり、翌春、雨が降るまでは流れが止まってしまうので、新年を迎えることのない、いつまでも歳（年）を取らない川、ということから名付けられたようだ。

入間市の西端にある「二本木」地区の由来は、この付近に昔、榎の大木が2本あって「にほんえのき」と呼ばれていたが、のちに、「にほんぎ」となって、それが村の名前になったと伝わる。扇町屋につながる日光脇往還の宿駅でもあった。

◆**仏師か武士か**

市の北部、入間川の南岸にある「仏子《ぶし》」にもいくつかの説がある。「ぶし」が、小さな平地や河岸段丘などにみられる地名なので、地形によるとする説、昔、仏師が住んでいたとか、武士が住んでいたといった説もある。

（滝川進）

メモ

狭山茶の歴史　1200年以上前に中国から伝わったお茶は、鎌倉時代には埼玉でも栽培されていた、と伝わる。その後は自家製消費だったが、江戸時代後期、宇治茶など各地の茶産地で生産されたお茶が広く庶民に広まり、「二本木村（市内宮寺）」の宮大工の吉川温恭《よしずみ》らが「蒸し製煎茶」の技術を関東に初めて導入して広がった。宮寺の出雲祝神社には、茶づくり復興を記念して1832（天保3）年に建てられた茶場碑がある。

第2部

1 春日部市
2 草加市
3 越谷市
4 八潮市
5 吉川市
6 蓮田市
7 三郷市
8 幸手市
9 白岡市
10 久喜市

【春日部市①】ルーツ　皇后か地形か

春日部は大きな川が市内を何本も縦断する川の町。日光街道が走り、きりだんすなどの家具が知られる古い街だ。アニメ『クレヨンしんちゃん』は春日部を舞台とする漫画だ。

◆春日皇女

市内には「春日部」と「粕壁」の二つの表記が並存している。春日部市郷土資料館の学芸員、榎本博さんによると、「どちらが古い？」という問いに対して、粕壁という回答が多いという。歴史的には、春日部の方が古い。

春日部の地名の由来については、よく分からない部分が多いが、大きく分けると二つの説がある。

一つは1400年以上前、律令社会の前（大和時代）に、安閑天皇の皇后である「春日山田皇女《かすがのやまだのひめみこ》」が自分の土地「御名代部《みなしろべ》」と土地を耕す私有民「部民《べのたみ》」を所有していた。春日の皇女の御名代部ということで、春日部と言われるようになったといわれるが異説もある。榎本さんによると、旧庄和町の塚崎遺跡から「春部」とも読めるような墨書土器が出たが、春日部という意味なのかどうか、残念ながら分からない。

◆古隅田川

もう一つは地形説。市内を流れる「古隅田川」や「古利根川」、「庄内古川（中川）」の川沿いに堆積してできた小高い微高地に人が住み着いた。市内に「塚」「川辺」などの地名がある。「かす」は水の浸った土地のこと、

「すか」は土砂が堆積して小高くなった場所、「かわべ」は川のほとり。「かすかわべ」とか「かすかかわべ」と、言葉が合わさって春日部と呼ばれるようになったとする説だ。市内に「備後須賀」という地名もある。

このほか平安末期に「紀氏」の名字を名乗っていた武士が土着して、春日部氏を名乗るようになり、「春日部」と呼ばれるようになったとする説もあった。

南北朝時代の１３３６（南朝　延元元）年の古文書、後醍醐天皇の綸旨《りんじ》に出てくる「下総国春日部郷」という地名表記が今のところ一番古い（この辺りは、古くは下総国）。武将の春日部重行の息子に土地を安堵《あんど》するという文書だ。

その後、戦国時代、小田原北条氏の時代の古文書には「糟ケ邊」、さらに江戸時代の文書を見ると「糟壁」という表記に変化し、元禄時代には「粕壁」が基本となった。

変転した理由は不明だが「昔の人は音で漢字を当てる書き方をする」ことが背景として推定されるという。江戸時代の初めに日光街道の宿場町ができて、にぎわっていく中で、「粕壁」が定着したと思われる。

◆**造り酒屋**

このほか、古老の言い伝えでは「酒粕」説。宿場町の造り酒屋の酒粕と土蔵の荒壁から粕壁になったとも伝えられる。

そして戦前の１９４４（昭和19）年、「粕壁町」と内牧村が合併した際に、「春日部町」に変わった。南北朝時代に後醍醐天皇に尽くした武将、春日部氏の名前が復活したとも考えられる。市内では春日部駅は春日部市粕壁1丁目にあるなど、地名表記としての「粕壁」は生きている。

（福井広信）

メモ▶春日部と粕壁　春日部駅東口の旧宿場町辺りは、粕壁地区と呼んでいる。住居表示でも、春日部市粕壁。粕壁小学校は学制公布の時（明治5年8月）にできた。当時は粕壁町だから、粕壁小学校。中学校は戦後の1947（昭和22）年にできたので、春日部中学校。県立春日部高校は1899（明治32）年創立。旧制粕壁中学校、戦後に春日部高校になった。春日部女子高は1911（明治44）年、粕壁実科高等女学校として創立。その後、県立粕壁高等女学校、戦後に春日部女子高校。春日部市は人口23万3558人、10万8090世帯。

【春日部市②】豊作と融和願い　合併

1889（明治22）年、江戸時代以来の宿・村が合併した。粕壁宿（町）だけが宿場町で、人が多かった。あとは村。粕壁町は1944（昭和19）年、内牧村と合併して春日部町となった。

◆願掛け造語

豊春とか幸松などの名称は、地形や歴史とは別に、合併の時に考えた造語だ。

「豊」がついている豊春村は「年々の作物豊かに熟して、春和の候の如く、合併各村和熟せんことを望むに至り」という意味で命名。作物が豊かに実って、12カ村郷が仲良く合併しようということで、豊春という村名がつくられた。

豊野も、原野を開いて新しい村が豊かになることを望む、願掛けという意味で豊野という地名が生まれた。村が発展してもらいたいと願い、命名されたのだ。

◆武蔵と下総

幸松は、地元でも知らない方が多い。幸せの木があったとかと思う方もいるが、造語。元々は幸手領（北側）と松伏領（南側）の境界にあった。「領」は江戸時代に使われていた広域の地域名。二つの境界なので「幸」「松」。

東武伊勢崎線の武里駅や武里団地がある武里は、名前を決めるときにもめて、「武蔵野の里」で武里に。古老の話によれば、武蔵野の田園が広がっている農村だった。

しかし武里の辺りは、江戸時代は武蔵国だが、江戸時代以前、中世は下総国だった。県の東部には香取神社が多い。下総国の一宮・香取神宮から江戸時代に分祀《ぶんし》して、村の鎮守にしたと思われる。武里にも香取神社があり、小さなお宮を含め春日部市内の半分以上が香取神社。下総の影響があったのに、なぜ「武蔵野の里」となったかは不明だ。

こうした造語による地名は、春日部市と合併した後は、ほとんど消えた。豊春や南桜井は東武野田線の駅名でも残っている。幸松や豊野は、市内の地区名や公民館の名前、小学校の名前などで生きている。郵便番号には粕壁のほか、内牧や豊野町が残っている。

一方、それらの村の地形や伝説から生まれた、武里の備後や豊春の新方袋、豊野の藤塚、幸松の樋籠などの小字は残っている。

◆**地形で命名**

郷土資料館学芸員の榎本博さんによると、この辺りには大場、大枝、大畑、大増などと、「大」が付いた地名が多い。意味があるらしいが、よく分からないという。

地形的には「崎」が付く地名が結構ある。例えば赤崎、米崎、金崎、塚崎、木崎（いずれも旧庄和町）。これは平地が広がっている台地の突端辺りにあった地形から呼ばれていたのは間違いない。

微高地には「島」が付いた牛島や米島。恐らく大水があった時に水没せずに、島のように残ったので、地名に付けられたのだろう。なぜ「牛」「米」なのかは不明だ。

あとは赤沼や永沼など「沼」。この辺りは低地だったことが反映したのだろう。

（福井広信）

メモ

春日サミット　春日部町が昭和29年に周りの4村（豊春、武里、幸松、豊野）と合併、春日部市が誕生した。全国に「春日」とつく市町村は、平成の大合併まで6市町村あった。春日部市のほか、山梨の春日居町、愛知の春日井市、岐阜・春日村、兵庫・春日町と福岡の春日市。平成の初めに、春日サミットをやっていた。その後の合併で、春日居町は笛吹市、春日村は揖斐川町、春日町は丹波市となった。

【春日部市③】氾濫の歴史に関係も

春日部の地名（小字）は川の歴史と深く関わっている。市内を流れる古隅田川や古利根川、庄内古川は昔から川筋が変化するなど、氾濫を繰り返したことが地名にも反映している。

◆梅若伝説

梅田（内牧）は「埋め田」と言われている（『かすかべの歴史余話』）。古隅田川と古利根川沿いの湿地で、堆積した土地。『埼玉県地名誌』も「梅」は「埋」で、低湿地を埋めて田としたために生じた、としている。

もう一つは「梅若伝説」があったから、梅田となったという説（『歴史余話』）。謡曲「隅田川」で、京の都からさらわれて古隅田川に突き落とされた末に死んだ梅若伝説。古隅田川沿いの新方袋《にいがたぶくろ》に弔う梅若塚があり、伝承として残っている。東京の隅田川にも梅若塚がある。

◆備後伝承

備後（武里）は武蔵国なのに備後（岡山）とは不思議。備後須賀稲荷の縁起によると、古利根川の中州から見つかった観音様が由来。弘法大師が唐から持ち帰って、備後の国に安置したお像。備後の国で戦が起こったために東国に避難する際に、観音様は飛び去り、備後須賀にたどり着いたという伝承からだ。

新方袋（豊春）は、蛇行している古隅田川流域にできた袋地。元禄時代までは袋村と言っていた。同様に東京・池袋などがある。

花積（豊春）は、『新編武蔵風土記稿』によると、伝承として、岩槻に大きな慈恩寺があり、その観音様に花を供えたので生じたと記しているが、と否定的だ。『かすかべ歴史余話』は「花は（台地の）塙《はなわ》、『積』は『凄』で、台地の住居」としている。

道順《どうじゅん》川戸、道口《どうぐち》蛭田《ひるた》（豊春）という変わった地名。川戸は、古隅田川が瀬となり、埋めて開いた土地という説もある。蛭田は蛭がいるような田んぼ説と、低地で日当たりの悪いためという説があるが、由来は不明だ。

◆自然堤防

藤塚（豊野）の「藤」は「富士」。古利根川が氾濫して自然堤防ができ、さらに砂が堆積して小高い河畔砂丘となった。中川低地の中では大きな塚、山のようにみえる。富士塚として信仰されていたのが由来だというが、川の縁《ふち》の塚の意味だとする考えもある。

不動院野（幸松）は、隣村の小渕に不動院という大きな修験のお寺があり、幸手不動院と呼ばれていた。不動院が周辺を開発したのが由来。

碇《いかり》神社（粕壁）の「碇」は、郷土資料館の学芸員榎本博さんは「古利根川に舟が碇を下ろす地点であることからつけられたと考えられる」と語る。神社境内には推定樹齢600年のイヌグスがあり、古利根川を通る舟が目印にしたといわれている。

坊荒句遺跡は、元々「坊地」「あらく」という内牧の小字があり、今は「坊荒句」と呼んでいる内牧公園内の遺跡。2万5千年前の旧石器時代から人々が暮らしていたことが確認されている。

（福井広信）

メモ **河畔砂丘**　県の東部、加須から越谷に分布している。大きな古利根川などが、よく氾濫していた時代に、冬に季節風が西から吹き上げ、軽い砂が巻き上げられて、東側の対岸に砂丘のように堆積するメカニズム。有名な鳥取砂丘は海の風で堆積した。内陸性の河畔砂丘は日本でも珍しい。春日部市内には、藤塚河畔砂丘の他に2カ所（小渕、浜川戸）ある。特に浜川戸河畔砂丘は県の天然記念物に指定。古隅田川沿いにあり、大きな塚、山になっている。山は富士塚として信仰されていた。砂丘の上に春日部八幡神社や稲荷神社がある。

【春日部市④　旧庄和町】江戸川の流れが影響

旧庄和町は「大凧《だこ》あげ祭り」や「地下神殿」と呼ばれる「首都圏外郭放水路」が有名だ。

◆人工の河川

1954（昭和29）年、庄内古川と江戸川の間にある川辺、南桜井、富多、宝珠花の4村が合併して、庄和村（後に桜井村の一部を編入し庄和町）が誕生した。4村は江戸時代に庄内領と呼んでいた地域にある。下河《しもこう》辺庄《べのしょう》という荘園があって、その内だから庄内と呼んでいた。庄和の地名の由来は、庄内領が一致和合して発展、和むという意味の造語。4村や庄和の名称は地区名や小学校、高校、道の駅などに残る。

千葉との県境にもなっている江戸川は江戸時代の1641（寛永18）年に開削した人工の河川。下総台地の張り出している谷戸（谷間、湿地）をうまく使いながら、台地を東西に分断するように切り開いた。住みやすい台地にある宝珠花などの集落が東西に分断された。

江戸川沿いの地名では、大凧あげをしている西宝珠花《にしほうしゅばな》のほか西親野井、西金野井が住居表示として残っている。江戸川の対岸、千葉県野田市には東金野井、東宝珠花がある。

◆地名に感動

江戸時代、江戸川では舟運が盛んに行われ、西宝珠花には河岸場があり、普通の農村とは違って、街の面影が少し残っている。

宝珠の由来として「舟の帆を干す（帆干）」という土地の伝承がある。『埼玉県地名誌』や『庄和史談』は、下総台地の西端にあり、「花」は「塙」で、日当たりが良く稲作に向いて居住にも便利な台地を意味し、「宝珠」は「ほうし」で、土地の境界線を意味する「傍示」。「境界線のある台地」と解釈している。郷土資料館の学芸員、榎本博さんは「宝珠花の地名の由来はいろいろと説があるが、それぞれ確証はない」という。

榎本さんは、宝珠花の地名にまつわる面白い話を紹介。江戸時代の後期（文化14年）に徳本上人という浄土宗の有名な高僧が説法に訪れ、大勢の人が集まったという記録が残っている。徳本上人は宝珠花という地名に感動、村名を褒めて直筆の歌を清岸寺に残している。「宝珠花　阿弥陀仏の誓（清）岸寺　唱て居れハ　いたるなりけリ」。「宝珠」が仏教にゆかりのある語なので、目に留まった。記録も残っており、清岸寺に徳本上人の「名号塔」という石碑が残っている。

◆自然が由来

西金野井（南桜井）は、鉄分を含んだ赤みを帯びた地を指す。由緒ある香取神社があり、戦国時代までさかのぼれる古文書や、1300年代に屋根をふき替えたと記しているような棟札が残っている。

富多は、田んぼが富めるという意味で、最初は富田という字が当てられ、民が幸多きことを願い、富多となった。

須釜は倉常（桜井）の小字。中川（庄内古川）左岸の水田地帯よりも1～2メートル高い自然堤防（微高地）に立地している。須釜の「須」は河川の土砂が堆積した「洲」、あるいは「すか」は「須賀（河川の水による堆積した砂地）」のことか、諸説ある。

水角（川辺）は『地名誌』によると「水門」。古くは「みと」と呼んでいた。『武蔵国郡村誌』などから、庄内古川の渡船場と推定している。

地名の多くに川の流れが関与している。

（福井広信）

メモ▶大凧あげ 1841（天保12）年に旅の僧・浄信が伝えた紙凧に由来。凧が「舞い上がる」が「繭が揚がる」に通じるため、養蚕の豊作の占いとして伝えられた。次第に端午の節句のお祝いとして揚げられるようになった。100畳の大凧は縦15メートル、横11メートル、重さ800キロ。約1500枚の和紙を使用。1991年に国選択無形民俗文化財となり、毎年5月3、5日に庄和大凧文化保存会の人たちが揚げている。

【草加市①】埼玉都民が盛り上げ

草加市は、県南東部の綾瀬川両岸の沖積地の平坦な、低湿地に発達した。南側は東京都足立区に接し、市の中心部から都心までわずか15キロだ。草加市を全国的に有名にしているのが「草加せんべい」、白砂青松の「草加松原」は、「奥の細道」に向かう松尾芭蕉の出発点でもあった。

◆5万人から25万人へ

終戦直後、草加市の人口は5万人弱だったが、松原団地の造成、東武伊勢崎線と営団地下鉄（東京メトロ）の日比谷線、半蔵門線・東急田園都市線の相互直通運転と続き、東京に通勤通学する「埼玉都民」が増え、県内では6番目の都市に急成長した。全国的に見ても平均年齢が若いのが特徴だ。

◆谷古宇

「草加宿」は「谷古宇《やこう》領」に属し、谷古宇は武蔵七党、横山党の矢古宇氏の出身地だ。江戸時代は日光、奥州街道の千住から2番目の宿場町として栄える。谷古宇は古くは「矢古宇」と書き、矢古宇氏はこの地名から付けたとされる。

鶴岡八幡宮所蔵の文書には「武蔵国矢古宇郷」と記され、1221（承久3）年、執権北条義時が承久の乱の戦勝祈願のため、矢古宇郷の地域を鶴岡八幡宮に寄進したとある。その後「谷古宇」に改められた。

◆4説

草加市は1958（昭和33）年に谷塚町、新田村が合併して誕生した。

「草加」の由来については、『草加市史研究』（創刊号）に、郷土史研究家の高橋操氏が「日下《くさか》」「草刈場」「草の功」「ソガ」の4説を紹介。

高橋氏は、草加宿を開いた「大川図書《づしょ》家」の文書に、徳川秀忠が「図書」に道を開くよう命じ、「図書は領内の農民を指揮して茅を刈り、木を切り束ねて敷き土を盛ってこれを蔽《おお》いしかば通路よく開けたり……秀忠功を賞し、且つ道路のよく埋まれるは皆、草の功なり以後草加と称すべしとの上意あり……」とあり、「草の功説」に軍配を挙げる。

「谷塚《やつか》」の「谷」は低湿地を意味し、「塚」は墳墓を指す。「八つの塚が八塚になった」との見方もあるが、この地に初めて住んだ人は、「やち」とか「やつ」の処《ところ》の意味で「やちか」、「やつか（谷処）」と呼んでいて、その後、「塚（古墳）」が造られて谷塚になったとの説もある。

（栗原猛）

メモ

草加せんべい 全国的に知られる草加せんべいは、当初は農家の保存食で塩を練り込んだ。製造元は最盛期に約50軒あったが減り気味とか。終戦直後は米不足で廃業が出たが、駅などで即売会を開き知名度を上げた。2006(平成18)年に、正真正銘の「草加せんべい」の基準を設け、「本場の本物マーク」を表示するなど品質向上に努めている。草加駅前で、せんべいを焼く「おせんさんの像」が乗降客を迎える。せんべいのほか、本染浴衣、皮革が草加の三大地場産業だ。人口25万251人、11万9917世帯。

【草加市②】江戸の食料供給担う

◆新田開発を奨励

「新田《しんでん》」は、新しい田のことで、新田が多い。江戸の人口が増え大消費地になったことから、隣接する草加は食料の供給地として新田の開発が進められ、江戸の食料供給地として発展した。1726(享保11)年の新田検地条目を境に、それ以前を古新田、以降は新新田と呼ぶ。

『新編武蔵風土記稿』によると、庄左エ門《しょうざえもん》は、「浅野備前守長政」(『忠臣蔵』の「浅野内匠頭長矩」は子孫)の家人で、長政没落の後、この地に来て開墾した。

◆源頼義、義家父子

「柿木《かきのき》」は市の北東部に位置し、東側に中川が流れ、自然堤防の上に出来た集落だ。「柿木」の由来には二つあり、一つは「柿の古木があった」。二つは、川と自然堤防の境が崖になっていて、その崖の際につくられたので「がけのきわ」が「かきのき」に転化したとする。

農村地帯の風景が残り、市内ではもっとも古くから開かれ、東漸院や女体神社など文化財も多い。

「川柳《かわやぎ》」は、この「柿木」の「カ」、「伊原」の「ハ」、「南青柳」の「ヤ」、「麦塚」の「キ」を1字ずつ取って「川柳」とした。川柳は合併で消滅したが小学校名などに残されている。

市が編さんした『地名の起こり』は、平安時代の末期には源頼義、源義家父子の奥羽征伐の軍勢がこの地を通った、という言い伝えを紹介する。

◆神仏分離令

「瀬崎《せさき》」の「瀬」は流れを表し、「崎」は岬のことで出っ張った所を指す。

「弁天町」は町内にある厳島神社（弁天社）から付けられた。弁天社には不思議な言い伝えがある。弘法大師が航海の途中に海が荒れ、無事を祈って天女像（弁財天）を海中に投じた。その弁財天がこの地の沼から発見され、住民は祠《ほこら》をつくり大事に守り、村の名前にもなった。

明治になり神仏分離令が出て、厳島神社の名前と祭神も「市杵島姫命《いちきしまひめのみこと》」に代えられる。したがって弁天社が古くからの名前となるが、その経緯については市教育委員会の文化財報告書に詳しい。

（栗原猛）

メモ

草加松原遊歩道　草加松原を歩いていると、江戸時代にタイムスリップした気分になる。国指定名勝「日本の道百選」の一つ。松並木は1・5キロ続く。綾瀬川の改修時に植えられ、現在は「武蔵《むさし》」の国にちなんだ634本の松が、市民たちによって大切に管理される。芭蕉は1630（寛永7）年、この松並木に見送られて東北の旅に出た。明治期、英国の女性探検家イザベラ・バードも、この地を出発した。

【草加市③】大学進出で学園町へ

「八幡町」は、市編さんの『地名の起こり』によると、町内にある「槐戸八幡《さいかちどやはた》神社」から取られた。「槐」、「皁莢」は、ともにマメ科で落葉高木だが、「槐」は「えんじゅ」と読み、「さいかち」は「皁莢」と書く。別の木なのに「槐戸」と書いてなぜ「さいかちど」と呼んだのかは不明とする。ただ槐は「延寿《えんじゅ》」に通じ、疫病を防ぐなどの言い伝えがある。

「稲荷《いなり》」は地区内にある二つの稲荷神社からつけられた。

◆「老柳数千樹」が柳島町

「新善町」は「善兵衛新田」と呼ばれ、一字ずつを生かして新善町。「柳島町」は古書に「昔、泥沼の地にして老柳数千樹岡陸に茂生し」とあり、ここから生まれた。

「花栗《はなぐり》」は、安行台地の突き出た地形「はな」と、川の屈曲（くる）から「くり」になる。「松江町」は、東西を流れる綾瀬川と西部に松原があるので「松江」。「小山」は『新編武蔵風土記稿』によると、平坦な土地だが西南部が小高くなっているので小山。

「金明町」は町内にある「金明山宝積寺」の山号の「金明」に由来する。同地区を流れる綾瀬川の改修の際、川底から全長6メートル、幅60センチメートル、高さ65センチメートルの縄文晩期の丸木舟が発見され、大切に保存されている。

◆「栄町」から「学園町」へ

草加の名前にゆかりの「大川図書《づしょ》」が開基した東福寺の山門、鐘楼、本堂の欄干彫刻は市指定の文化財だ。市中央部の「学園町」は、獨協大学が、「花栗」と「栄」の2町にまたがっており、「大学も町も共に栄えよう」と「栄町」に変わった。「栄町」はさらに「学園町」に。ただ町内全域が同大キャンパスで、住民はいない。駅名は2017（平成29）年に「草加松原」から「獨協大学前〈草加松原〉駅」に変わった。

◆「松原団地」の再開発

松原団地が1958（昭和33）年に着工される前、この辺は広大な水田地帯だった。ここに24棟5926戸が建設された。その後、老朽化が進み再開発中だ。高層のマンションも立ち、リニューアルされた団地名は「コンフォール松原」。やがて新しい町名が生まれるかもしれない。

市教育委員会生涯学習課主事の飯島義弘氏は「草加市には貴重な文化財が多く残されているので、若い町にふさわしいように、多くの人の意見を聞いて生かしていきたいですね」と語る。

（栗原猛）

メモ **草加宿** 1630（寛永7）年に、草加宿が設置された当初は、戸数84戸、旅籠《はたご》（旅館）が5、6軒、他に豆腐屋、塩・油屋、湯屋（銭湯）、髪結床（床屋）が軒を並べ、あとは農家だった。松尾芭蕉が訪れたころの草加宿は、戸数120戸ぐらい。それが1843（天保14）年には戸数723戸、人口3619人、旅籠は67軒に増える。城下町を除くと、日光街道では千住、越ケ谷、幸手に次ぐ宿場に成長した。

【越谷市①】川と共にある「まち」

越谷は江戸期、日光街道3番目の宿場町として栄えた。桐箱のほか、だるま、ひな人形、甲冑《かっちゅう》などの伝統工芸品が受け継がれている。さらに、最近では南越谷阿波踊りが全国有数のイベントに発展、謎の浮世絵師・写楽の菩提《ぼたい》寺「法光寺」が注目されるなど、文化的にも多彩な街である。

2015年には県内で2番目の「中核市」となり、19年には人口34万人を超えた。

古利根川（中川）や元荒川、綾瀬川のほか、葛西用水や千間堀などの用水や堀が縦横に流れ、市の発行する文化総合誌のタイトルは『川のあるまち』。そうした地形は地名にも反映している。越谷市郷土研究会の渡邊和照会長と、顧問の加藤幸一さんに聞いた。

◆二つの台地

「越谷」の「谷」は「ヤツ、ヤチ」のことで、低湿地を意味する。低湿地が広がる地域であったことが分かる。また「越」を「腰」(山の裾野)と捉えると、「大宮大地」と「下総台地」(千葉県野田市あたり)の、二つの台地の裾野。「越谷」の地名の由来は、二つの裾野に挟まれた低湿地帯から来ていると思われる。

このほか「越谷の地名よもやま話」は、「越《こし》」を「川を越えた所」と解し、北方から平野部へ下ってきた人々が稲作に適した谷地を発見して、この名をつけたという説や、「『谷《や》』は『泥炭湿地』を意味するアイヌ語の『やち』に通ずるともみられる」という説なども紹介している。

◆伝説の刑場

越ケ谷町には、「六本木」や「涙橋」という伝説の地名があった。越谷市役所横の南北の土手道はかつての奥州古道。江戸時代になっても利用され、市役所から300メートル北の「観音横町」と合流する地点の東側は「六本木」と呼ばれた「刑場(仕置き場)跡」だった。さらに200メートル北の「葛西用水」の手前に西に下る坂道があるが、ここに罪人と家族が涙を流して別れを告げる「涙橋」があった。土手の西側沿いに流れる堀の上に架かっていた。

仕置き場は元荒川の土手際にあった。斬首した刀は元荒川の水で洗ったと推測できる。六本木の由来に関する文書はないが、土手際に六本の木があったと想像できる。

涙橋と仕置き場の話は東京・荒川の南千住の他にも品川でも見られる。越谷の仕置き場は江戸の影響を受けて涙橋が設定されたと考えられる。越ケ谷は宿場として、江戸との交流が盛んだったからである。

◆越ケ谷御殿

葛西用水を渡ると「御殿町」に入る。地名は徳川家康が1604（慶長9）年に設けた「越ケ谷御殿」があった名残。「増林《ましばやし》」にあった御茶屋御殿を家康がここに移した。家康や秀忠が鷹狩りする際の宿泊所として、しばしば訪れた記録が残っている。

その後、1657（明暦3）年の江戸大火で江戸城も焼失したため、越ケ谷御殿は解体して、将軍の仮御殿として、二の丸御殿跡に移築したという。跡地は、地元では「お林」と呼ばれてきたが、現在は記念の石柱が立っていて、整備された公園となっている。

（福井広信）

メモ **南越谷阿波踊りと写楽** 1985年、徳島県土成町（現・阿波市）出身の住宅建設会社ポラスの創業者、中内俊三さんが、ふるさと意識を盛り上げようと提唱して始まった。本場徳島以外では、東京・高円寺に次ぐ大きなイベントに。2019年は8月24、25日、南越谷駅周辺で開催（23日に前夜祭）。旧土成町の御所村は故三木武夫元首相の出身地。また写楽の正体は阿波徳島藩お抱えの能役者とみられ、法光寺には記念碑もあるなど、越谷は徳島との縁が深い。

【越谷市②】富士山の光る石　祭る

大沢町は元荒川を隔てた越ケ谷町と合わせて、奥州（日光）街道3番目の宿を形成、『新編武蔵風土記稿』は「往来の左右に家並をなせり」と書いており、繁栄した。

◆カブトムシ

大沢の地名は、富士山の大沢（大沢崩れ）から由来するといわれる。平安時代の1030（長元3）年、住人の源七郎が富士登山中に大沢の滝で五色に光る石を拾って持ち帰り、祭ったとの言い伝えから。

もう一つの説は、昔はこの一帯には12の沢（池や沼）があったからともいわれる。大沢には江戸時代から戦後まで「大沢七つ池」があったのは、その名残という。

大沢には「鷺後《さぎうしろ》」「槐戸《さいかちど》」「飯後免《いいごめん》」などの興味深い地名が多い。

「鷺後」は宿の北東、田んぼの広がる地域。隣の旧・新方村大吉にも小字「鷺代《さぎしろ》」がある。「代」は「代かき」の「代」で田んぼ。鷺が群れをなしていた風景からの地名とみられる。

「槐戸」の「槐《さいかち》」はマメ科の植物「エンジュ」。綾瀬川左岸流域には「サイカチ」が多く自生していた。地元の古老によると、そこにはカブトムシが多く生息していたという。『広辞苑』も、サイカチムシはカブトムシと解説している。

「飯御免」の「御免」は免租地を指すと思われる。鎮守の香取神社の持ち分だった水田が免租地となっていたのが由来と思われる。

◆ウナギ料理

桜井村は中世の郷名・桜井郷から。「新方郷」と呼ばれていた地域に含まれていたが、桜井郷に属していたとの当時の説を誤って採用した。

「間久里《まくり》」は諸説あり、イネ科の植物マコモの生い茂った里「まこり」から、とする説がある。『川のあるまち』は、江戸期には元荒川のウナギ料理が「間久里のうなぎ」として評判となったと紹介している。

間久里の「鯛之島《たいのしま》」は、雨が降ると水浸しになってしまう低い地域だった。「シマ」は「仕切られた土地」という意味だが、地名の由来は不明。

◆名前が残る

新方村の「方」には、①新しく開発された所・場所　②湖沼を示す「潟」――などの説がある。この付近は「新方領」に属していた。弥十郎村は新田開発者の名前といわれるが、湿地の「ヤチ」からという説もある。「圦前《いりまへ》」の「圦」は用水を引くための水門。

増林村は、林の多い土地柄からといわれる。「増《まし》」は、めでたい意味。かつて「城の上」という地名があった。由来は、林泉寺の辺りに「御茶屋御殿」があったと伝えられることから。今は「城ノ上小学校」「城之上橋」に、名前が残っている。

中島村の「雨足《うたり》」は沼地や湿地を意味する。花田村の「はな」は端で、台地の端にある田んぼと思われる。「葭場《よしば》」は、芦が繁っている場所。(福井広信)

メモ

合併史 1954(昭和29)年、2町8カ村が合併、越谷町。2町は越ケ谷町と大沢町、8カ村は「桜井、新方《にいがた》、増林《ましばやし》、大袋、荻島、出羽、蒲生《がもう》、大相模」。川柳《かわやなぎ》村の一部(麦塚、伊原)を編入。これらの村は、江戸時代からあった多くの村々が1889(明治22)年の大合併で誕生した。旧・桜井村は上間久里など5村で、新方は弥十郎など7、増林は花田など5、大袋は三野宮など8、荻島は小曽川など7、出羽は越巻など6、蒲生は瓦曽根など3、大相模は南百、千疋など7、川柳の3村の計51村。1958(昭和33)年、市制施行。当時の人口は4万8318人。現在は人口34万5217人、15万7550世帯。

【越谷市③】伝説と地形から誕生

「武蔵」なのに「大相模」の意外。「大相模村」の地名には不思議な伝説がある。

◆伝説的な由来

東大寺別当の良弁《ろうべん》が相模の大山に来て、大山寺《おおやまでら》を建立した。槻《つき》の木の本木《もとき》と末木《うらき》から不動明王像を一体ずつ作り、本木で作った不動明王像（51・5センチ）を従者に背負わせて現在の大相模の地を訪れたところ、急に重くなり、持ち上げられなくなった。この地が、この像の有縁《うえん》の地であると悟り、お堂を建立し安置した。これが大聖寺《だいしょうじ》（天平勝宝2年＝750年創建）。

末木の像は大山に安置したので、こちらは「大」を付けて「大相模」と呼び、山号を真の大山という意味から「真大山《しんたいさん》」と称したと伝えられている。

◆楠と栢の大木

大相模村の「南百」を「なんど」と読むのは難しく、経緯は不明だ。由来は、お屋敷に「楠《くすのき》」と「栢《かしわ》」の大木がそびえ、川を行く船頭の目印になっていた。2本の木の漢字から「木」偏を除いて「南百」とし、旧村名にしたと伝えられている。

このほか①「難渡」と書かれ、元荒川と古利根川の合流点にあったため渡るのが難しかった ②「渡」は合流する地点の意味で、二つの川が南に合流――という説もある。

「千疋《せんびき》」は、『地名誌』によると「千」は河川の「川」、「疋」は「低い」。川に沿った土地であるという。

大袋村は「大竹」「大道」「大林」「大房」の4村と「袋山」の合成。「恩間」の小字「荒句《あらく》」は、荒地だった可能性がある。

大林の小字「海道」は「海がないのに」と「日光道中」と言われるようになったという。

◆地形がルーツ

荻島村の「シマ」には①村　②田んぼのある所や川沿いの耕地――などのほか、「仕切られた土地」や氾濫によってできた耕地という意味もある。「荻」が繁っていたのだろう。

「小曽川《おそがわ》」は「遅川」で、「流れの緩やかな川」と思われる。『地名誌』では「こそがわ」で、「小石のあるあたり」としている。

出羽村は各村が出羽掘によってかんがいされていたことから。「越巻」という変わった地名。『地名誌』は、「越」は麓、「巻」は丘や山ろくに半円状に連なる集落。この地名は「越巻橋」に残されている。

蒲生村は、文字通りガマなどが多く生えていた。「へらなし」の「へら」は、靴べらの「へら」で、傾斜地を指す。

瓦曽根の「瓦」は「河原」。「曽根」は、元荒川沿いの小高い土地という。

川柳村は明治の大合併の際、「柿ノ木」『伊原」『青柳」『麦塚」4村から1文字ずつ取り「かはやぎ」村となった。その後、伊原と麦塚は越谷に編入。

旧・下間久里村と神明下村にある「土浮《どぶ》」、見田方村の「土腐《どぶ》」。「どぶ」は水を含んだ低湿地。響きは悪いが現在も使われており、愛知県では「土部《どぶ》」の読みを「つちべ」と変えて、「歴史と伝承」が消えるのではないかなどと論議を呼んだ。


（福井広信）

メモ　**大聖寺**　大相模の不動尊で、関東三大不動。山門は越谷市指定文化財。家康が使用したという寝間着が保存されている。山号額「真大山」は、松平定信の直筆といわれる。

なお越谷市内の地名について、『川のあるまち』は「河川、田畑に端を発する地名が多い」と分析している。旧大袋村に合併した「恩間」の地名は鎌倉時代、金沢文庫の古文書の中に「おま」と書かれた地名がある。湿地が由来とみられる。旧・桜井村の平方村と大泊村の村境に流れていた「会野川《あいのかわ》」。古利根川から分かれて南方、東西、北西に流れて古利根川と再び合流する。それで会野川と呼ばれたという。

【八潮市①】八條、八幡、潮止が合併

八潮《やしお》市は県の東南端に位置し、東京都足立区に接する。市域は東の中川、西の綾瀬川、南の「垳川《がけがわ》」に沿って形成され、海抜は2メートルと平坦な低地だ。河川の恩恵で発展したが、一方、洪水などの災害も受けた。

◆遡上地点

八潮は1956（昭和31）年、「八條」「八幡」「潮止《しおどめ》」の3村が合併し、それぞれの頭文字を取って命名した。64（昭和39）年に町に、72（同47）年に県内34番目の市となった。比較的に新しい市だ。

この3村名にもさらに由来があり、八條村は6カ村が合併したとき、一番人口の多かった「八條村」の名を継いだ。その八條は、古利根川の自然堤防に沿って形成、条里制に基づいて付けられた地名だ。

八條を姓にした武蔵七党の「野与一族」の「箕輪二郎経光」の五男「光平」が八條に住み、「八條五郎光平」

と称した。

同市によると、1361（延文6）年の「市場之祭文」の中に、定期市の立つ武蔵国内33の市場の一つとして「八十市」と記されている。

八幡村は村社の八幡社にちなむ。

潮止は古利根川沿いにあって、満潮の時に潮がこの辺まで遡上《そじょう》することから付けられた。近年では地形の関係からか「潮止」は、もう少し上流になっている。

◆馬の教練場

市の中央部に位置する「上馬場《かみばんば》」と「中馬場」は大字名で、『八潮史』の資料編は、古老の話として「馬場美濃守が諏訪大社の近くに馬場を造ったので、『番場』という地名になった」と紹介する。

その「諏訪神社」は長野県諏訪市にある、御柱の神事で有名な「諏訪大社」が勧請された。諏訪神社の祭神は「建御名方神《たけみなかたのかみ》」で、神話では大国主命の子どもとされる。諏訪の神様がなぜ、この地に勧請されたのか興味深い。

◆広範に交流

「上馬場観音寺」には、日覚上人の供養碑を保存するなど、「馬場地区」には文化財など歴史的な遺跡が多い。

また八條地区にある奈良時代の遺跡からは、千葉や茨城などで生産された土器などが発見されており、すでにこの頃から、河川を利用したヒトとモノの広範囲な交流があったようだ。

八幡村の「西袋《にしぶくろ》」は、『新編武蔵風土記稿』に「古は村の西方を古綾瀬川がめぐって、その様は袋の如くなりし……」とある。「袋」は蛇行して袋状になっている地形から付いた。「袋」の付く地名は、川越市の上老袋、久喜市の太田袋、さいたま市大宮区に北袋などがある。（栗原猛）

メモ **東京近郊の産業都市** 1964（昭和39）年に町となり、72（昭和47）年に市制が敷かれた。都心から20キロメートル圏内と地の利がよく、2005（平成17）年、つくばエクスプレスの開通などもあって、工場の進出が一気に進んだ。従業員4人以上の事業所数は595、従業員は1万2633人（2018年6月現在）で、川口、さいたま両市に次ぐ第3位。東京近郊の住環境と産業都市の均衡の取れた都市づくりを目指す。人口9万2412人、4万4179世帯。

【八潮市②】「垳」日本でここだけ

「垳《がけ》」は難解で、この字を読める人は相当な漢字通だろう。「垳」の漢字は、日本ではこの地域を流れる「垳川」の名を表記する以外には使われていない。国字と呼ばれ、中国以外で作られた漢字である。

◆土が流れる

「圻」の字の読み方について、市が1981年に作成した「第2次八潮の民俗調査」の報告書によると、「水が『カケ（捌け）る』様子を意味し、水が流れるとき『土』が一緒に流されて『行』くさまに字を当てた」とする。

地名の研究で八潮市を訪れる日本語学者の笹原宏之早大教授は「文字通り『崖』の意味で河岸の斜面を指し、崖を意味する『圻』が変化した」と解説。

◆イグサ群生

「浮塚《うきつか》」は、柳田国男の『地名の研究』によると、「浮塚」の「うき」は「ドブ（土腐）」を指し、水稲栽培に向く土地なので開発されたようだ。「浮」の付く地名は川口市に「浮間」、さいたま市岩槻区に「浮谷」などがあり、似た地形だ。

「鶴ケ曽根《つるがそね》」は、『風土記稿』によると、「鶴」は地内にある「鶴塚」に由来する。「曽根」は、自然堤防など砂地の多い痩せた土地などを指す。県内では元荒川、古利根川沿岸によく見掛ける地名で、古文書に「鶴ケ曽根の河関」とあることから、川の渡し場があったらしい。

「伊草《いぐさ》」は、畳表に使われる「藺《いぐさ》」で、湿地に群生する。

「若柳《わかやなぎ》」は、市編さんの昔話集によると、徳川家康が関ケ原の合戦へ向かう途中この地で昼食を取り、柳の箸を地面に刺して「この箸に芽が出たら勝利したと思え」と言って関ケ原に臨んだ。しばらくして箸から芽が出たので、村民たちは家康の勝利を知り、若柳と付けたという言い伝えを載せている。

◆サミット
「八潮の地名から学ぶ会」を主宰する獨協大職員で事務局長の昼間良次氏らは2019（令和元）年11月、八潮市で地名とまちづくりを考える「第3回方言漢字サミット」を開いた。滋賀県大津市や、千葉県浦安市などからも研究者が八潮市に集まり、地域特有の漢字について意見を交換した。

昼間氏は「地名は方言漢字の宝庫でもあり、珍しい漢字を使う地域と交流を広げ、先人が苦心して付けた地名の由来を知って、町おこしのヒントを見つけたい」と語る。

東京都足立区に隣接し、市民は東京志向型とされるが、「八潮の地名から学ぶ会」をはじめ、神社の祭りや獅子舞などに取り組むグループなど、若者の間に地域文化を育てようとする関心が高まっている。（栗原猛）

メモ
産業　水の豊かな八潮市は、江戸時代から浴衣の染色業が盛んだった。明治になると、れんがの原材料である「荒木田土」が豊富だったことから、れんが工場が進出。日本の近代化に貢献したが、関東大震災をきっかけに閉鎖される。立教大学のシンボル、れんがの建物は、この時の八潮市の土で焼かれた。

【吉川市①】川に囲まれヨシ群生

吉川市は県の東南部に位置し、東京都心から約20キロ。中川と江戸川に挟まれた格好で市域が広がる。東は江戸川を隔てて千葉県野田市、西は中川を隔てて越谷、草加両市などに接する。『万葉集』の東歌に「葛飾《かつしか》早稲」とあり、水に恵まれたこの地方の早稲は、早くから都にも知られていた。

吉川では川魚が古くから親しまれ、「なまずの里」といわれる。ナマズを自然回復のシンボルとして街を盛り上げようとしている。

◆物資の集積

江戸時代には、幕府直轄領として新田開発が進み、中川は収穫したコメを江戸に積み出すための物資の集積地としてにぎわった。

吉川は「吉河」とも書かれ、『吾妻鏡』に載っている武蔵武士「吉川三郎」の出身地とされる。「埼玉郡大口村」（現さいたま市岩槻区）」の、1361（延文6）年「市《いち》」の祭文に「下総国下河辺庄吉川市《いち》」とあり、市が立っていたようだ。

◆好字に転換

吉川の名は「芦川」の意味もあり、一帯はアシ（ヨシ）が群生していた。「芦《あし》」は「悪《あし》」にも通じることから、「芦」を「よし」と呼び、好字の「吉」を当てた。

1889（明治22）年、「吉川」「保《ほ》」「木売《きうり》」「道庭《どうにわ》」などが合併して「吉川村（後に町制）」へ。「三輪野江《みわのえ》」「会野谷《あいのや》」「半割《はんわり》」「土場《どじょう》」「小松川」などが合併して「三輪野江村」へ、「鍋小路《なべこうじ》」「川藤《かわふじ》」「拾壱軒《じゅういっけん》」などが合併して

「旭村」が誕生する。さらに1955（昭和30）年3月、吉川町と三輪野江村、旭村の3町村が合併し吉川町へ。1996（平成8）年、吉川市が発足する。

◆難解な地名

吉川市には、なかなか読みにくい地名が多い。『埼玉県地名誌』によると、「道庭《どうにわ》」は、古くは「どば」と呼ばれ、いつの頃からか「道庭」の字が当てられたという。「土場《どじょう》」については、『よしかわ地名編』(吉川市教育委員会、吉川市郷土史会編集）は、当初は「どば」だったと説いており、「どば」が「道庭」と「土場」に書き分けられたのかもしれない。

「どば」とは、古利根川沿いの自然堤防上の平地を指すようだ。道庭も土庭も紛らわしくまた難解だが、どこか生活のにおいを感じさせる。

「中曽根《なかそね》」の「曽根」には岬の意味があり、東京湾が入り込んでいたころ、岬のような地形があったらしい。

「高久《たかひさ》」の地名は、古利根川はよく決壊したので、「久しく洪水のない高い所」であってほしいという祈りが込められているようだ。

「高富《たかどみ》」は上流に「川富」があり、豊かな富を願ってつけられた。「南広島《みなみひろしま》」の「島」は高い所の地名に多いが、ここでは「川沿いの耕地」のこととされる。

（栗原猛）

メモ◆ **スローライフと住環境**　吉川市は都心部へ1時間圏内にあり、川や田畑に囲まれたスローライフに関心を持つ若い世代が増えているという。市の中心部にできた「吉川きよみ野」は、「人にやさしい街」をコンセプトに、バリアフリーを徹底した近代的な街並み。1988（昭和63）年度から、UR都市機構が総面積62ヘクタールを開発した。97年度に都市景観大賞、彩の国さいたま景観賞などを受賞。公園や街路、ショッピングセンター、保育所などを関連付け、都心への地の利と住環境を生かした街づくりを目指す。人口7万3226人、3万932世帯。

【吉川市②】荘園や祭、地形を反映

◆木材を売買

難しい地名が続く。「木売《きうり》」も何のことかと首をかしげてしまう。『新編武蔵風土記稿』によると、2説あるようだ。一つは、古利根川沿いの自然堤防に境界があって、その境としての「柵《き》」とか「城《き》」があり、「うり」を「浦《うら》」と解せば、河や水の引いてあるところ、「柵浦《きうら》」とすれば、川が境界とするところと解釈ができ、その後に「木売」の字を用いたという説。この解説もちょっと分かりにくい。

二つ目は、木材が集散する船着き場で、木材の売買も行われたことから、この地名が生まれたとの説だ。後者の方が分かりやすい感じだが、専門家の間ではまだどちらかに絞り切れないようだ。

「保《ほ》」は、かつて越谷市の一部だったが、吉川町に編入された。「保」は平安時代の小荘園による名称で、大宝令の「五保の制度」から引き継いだもののようだ。家数に制限がなく、郷村の「保」内の人々が互いに協力しあって、自治を行った制度である。後世、この「保」が一地方を称する地名となって、「荘園郷保」と並び称されるようになったとされる。

◆新田に11軒

「須賀《すか》」の語源は「州処《すか》」または「州河」で、古利根川の「州」から起こった。

「川藤《かわふじ》」は、古文書には「河藤郷」と記録され、元禄年中改定図（1688~1703年）に、「川藤村」と記されている。川藤とは「川縁《かわふち》」の意味で、古利根川が乱流期に自然堤防上にできた土地を指している。

「拾壱軒《じゅういっけん》」は、古くは「赤岩村」内の「拾壱軒新田」と呼ばれていたが、1695（元禄8）年の検地を機会に、「拾壱軒村」に改称した。赤岩村の新田に住む人が少なく、11軒しか家屋がなかったからとされる。

「鍋小路《なべこうじ》」とは、鍋にちなむ路《みち》や家があったか、あるいは「鍋」と呼ばれる平らな地形だったらしい。

◆奈良・三輪山

「三輪野江《みわのえ》」については、江戸川の対岸に奈良県の三輪山を勧請《かんじょう》した「三輪の社」があり、これにちなんだ地名といわれる。「江」がつくのは近くに入江があったようだ。

「半割《はんわり》」は地割制度の名残りで、地主と小作人、開墾者と資本主の割り当て方が半分ずつ負担するという意味だ。

「加藤《かとう》」は岩槻城主太田氏に仕え、その後浪人していた加藤五郎左衛門が開発してそっくり村名になった。

「小松川《こまつがわ》」について、『風土記稿』は「村内に小松寺あるによりて起れる名」と記す。「会野谷《あいのや》」も難解だが、柳田国男の『地名の研究』によると、「饗場《あいば》の田」のことで、「饗場・饗庭」とは、「道饗祭《みちあいまつり》」と呼ばれる、神道祭の祭場に由来するのではないかとする。（栗原猛）

メモ

ナマズとワラ製品　吉川は江戸川、中川の二つの川に挟まれ、舟運で栄えた。なまず料理など川魚料理が豊富だ。江戸時代には、河岸に川魚料理の料亭が並び、著名人も通い「吉川に来て、なまず、うなぎ食わずなかれ」と言われた。包丁でたたき、みそを練り込み、丸めて揚げた「なまずのたたき」を郷土料理として広めている。ナマズの出荷量は約2トン（2018年）。また早場米地帯でワラが豊富なことから、縄を使った製品が自慢だ。2019年まで長い間、国技館の土俵だわらは、吉川産の稲ワラで作られていた。

【蓮田市①】蓮華院弥陀堂に由来

蓮田という地名は奈良時代、美しい「ハス」にまつわる言い伝えのほか、集落名などに由来するともいわれる。同市は2011（平成23）年、蓮田の「蓮」の字を、旧字体の「2点しんにゅう」から、「1点しんにゅう」に切り替えた。文字化けなどの不具合が起きていたためで、珍しい文字変更だ。

◆天平のハスの花

同市のホームページによると、蓮田5丁目にある「蓮華院弥陀堂《れんげいんみだどう》」に由来するという。奈良時代の743（天平15）年、聖武天皇が諸国巡察のため、東国に高僧・義澄《よしずみ》を派遣。当地に立ち寄り一夜を弥陀堂で過ごした。翌朝、沼田にハスの花が生い茂り、その美しさに心を打たれた義澄は、宿となった弥陀堂を「蓮華院」と名付けた。それ以来、この地が「蓮田」と呼ばれるようになったという。

「蓮田の名義は文字通り蓮の自生している田によって生じたものと思われる」と『埼玉県地名誌』にもある。

同市の南、田園地帯の住宅地の小さな墓地にお堂はある。今は付近にハスが生育している風景はない。

◆鎌倉時代の文献

「蓮田村」の地名が文献上に見られるのは鎌倉時代後期。蓮田地域を知行していた殿様の代替わりに、次期殿様への譲状に見られ、蓮田の地名は古代から人々の間で言い伝えられてきたことが分かる。

由来について郷土史家の中里忠博さん（89）は、異説を唱える。大化の改新（645年）のころ、綾瀬川を越えた蓮田の地に「橋戸《はしど》」と呼ばれる集落ができた。人家の集まった所を「戸」ともいい、橋戸地名が起こったと考えられる。その後、数百年の間に「はしど」が、なまって、鎌倉時代には蓮田と言われるようになったと『続蓮田市の地名』で記している。

このほか川幅が狭く、渡渉地としての役割を果たしていた「橋処」のほか、川の恵みである「肥処《はしど》＝肥えた土」が、「蓮田」となった説なども。

◆美女「寅子」伝説

「馬込・辻谷の里」に「寅子石《とらこいし》」と呼ばれる板碑が立っている。寅子石には悲しい伝承がある。

1221（承久3）年の承久の乱の後、この地の長者の家に寅子という絶世の美女がいた。求婚を申し出る者が相次いだ。ある日、長者夫婦から彼らに酒宴の招きがあり、全員が豪華な「膾《なます》」を平らげた。宴たけなわの頃、老夫婦が「今食べていただいたのはわが娘寅子の腿《もも》の肉でございます。皆さまに等しくわが身をささげたいと自害した」と語る。

男たちは涙を流し、全員が出家して寅子の供養塔を建てたという伝承だ。

板碑は高さ4メートルあり、鎌倉時代の1311（延慶4）年、唯願法師が親鸞直弟子の真仏法師の報恩供養のために建てたと伝えられ、いつしか「寅子石」と呼ばれるようになった。

地域の婦人たちの手で、寅子の命日の3月8日には、寅子の供養祭が行われている。

（上松寛茂）

メモ

都心40キロ圏　蓮田市は県東部に位置、大宮台地の中央部にあり、元荒川が南北に貫流、西には見沼代用水、伊奈町との境界を綾瀬川が流れ、江戸時代に新田開発が盛んだった。都心から40キロ圏と交通至便により急速に都市化が進み、ベッドタウンとなっている。人口6万1600人、2万7394世帯。

【蓮田市②】奥東京湾が入り込み

◆文化財の宝庫

約6千年前、蓮田地域には温暖化の影響で、「奥東京湾」と呼ばれる海岸線が入り込み、人々が生活していた跡が残っている。関山、綾瀬、黒浜などの地名を冠した貝塚からは、「関山式」『黒浜式」の土器など、縄文時代前期の壷や住居跡など貴重な「標式遺跡群」が発見され、蓮田市は埋蔵文化財の宝庫とされている。

市役所のある「黒浜」は、奥東京湾の海浜の「浜」と考えられる。郷土史家の中里忠博さんは別の説も紹介する。

荒川がかつて砂鉄の宝庫で、平安後期から室町時代にかけて400年間続いた「タタラ製法」による製鉄が行われていた地域であったことから「黒浜」と称したのだという。

◆消えては復活

1889（明治22）年の町村制の施行で、「蓮田村」と「閏戸《うるいど》村」『貝塚村」の3村が合併、新たに「綾瀬村」が誕生した。3村を貫流する「綾瀬川」にちなんだ。

読み方が難解な閏戸村は、古くは騎西庄岩槻領に属し、元荒川の沿岸の集落。「ウルイ」は「湿地」、「戸」は「処」で「湿地の処」の意味となる、『埼玉県地名誌』は、水田化耕地として注目されて、その名が起こったとみられると解説している。

「蓮田」の地名は消えたが、東北本線の「蓮田駅」が発展の因をなしているとして復活した。１９３４（昭和9）年、綾瀬村が「蓮田町」と名称を変更、町制を施行した。

１９５４年5月、蓮田町と「黒浜村」『平野村」が合併、新たな蓮田町が成立。その後、旧岩槻市の一部を編入して現在の市域が確定、72年10月に市制が施行された。

その後も蓮田の地名が消えかける時があった。平成の大合併である。

蓮田市と近隣2町の菖蒲町（現久喜市）と白岡町（現白岡市）は合併を協議、新たな市名「彩野《あやの》市（仮称）」とまで決定した。２００５（平成17）年の住民投票で白紙撤回され、「蓮田」の地名は残った。

◆**家康ゆかり**

寅子石伝説のある「馬込（旧馬込村）」は、『新編武蔵風土記稿』に「当村は昔荏原郡馬込村の民、太郎吉というもの来たりて開発し、己が旧里の名を取りて村名とせり」とある。

白岡市に接する「上平野（旧上平野村）」は、元の名は「平野村」。元荒川の下流にも同名の村があり、役人たちが区別し難いということで「上平野」に。下流の平野村は、さいたま市岩槻区の「南平野」を指す。

市の中央部、市役所にほど近い「椿山」は、約１５００世帯が住む閑静な「椿山住宅地」がある。地名の由来は花のツバキではないらしい。元荒川を望む崖地からその名が生じたものとされる。崖のことを古語で「ツバケル」といい、「ツバキ」になったとされる。

椿山住宅地に「御殿場山公園」がある。江戸時代、徳川家康がタカ狩りに訪れ、休憩用に御殿を築造、これ

を「御殿場」といい、歴史的な遺産としての名残が地名に込められている。（上松寛茂）

メモ
関山式土器・黒浜式土器　縄文前期に標式遺跡（土器の名前に遺跡名が付いた遺跡）の関山貝塚、黒浜貝塚群から出土。胎土《たいど》（原材料として使用された土）に多量の繊維を含み、その繊維は焼成により炭化し、断面は漆黒色。関山式は縄文の菱形模様が黒浜式に比べ複雑だが、黒浜式は、胎土が関山式に比べもろいのが特徴。いずれも出土した地域の名前を名称にした。この時期に関東地方で出土した土器は全て関山式・黒浜式土器と呼ばれる。

【三郷市①】江戸時代は穀倉地帯

県南部の最東端に位置し、都心から20キロ圏内にある。市の東部は江戸川を挟んで千葉県に接し、西の境を中川、中央部には大場川が流れる。「中川低地」と呼ばれる肥沃《ひよく》な土地だが、水害の被害も少なくなかった。早稲米の産地として知られ、水運の便も良く、江戸時代には穀倉地帯として栄えた。

◆「二郷半領」

その昔、現在の三郷、吉川両市の一帯は、「二郷半領《にごうはんりょう》」と呼ばれた。二郷半領の由来は、50戸以上あった「吉川」「彦成」の二郷と、その南に50戸に満たない集落があり、合わせて「二郷半領」となった。

この地域を流れる「二郷半領用水《にごうはんりょうようすい》」は、松伏町の江戸川から取水され、吉川、三郷両市を流れる延長16・7キロの用水路で、周辺の1800ヘクタールの田を潤している。

◆鎌倉幕府

「寄巻《よりまき》」の「巻《まき》」は、『新編武蔵風土記稿』によると、川沿い半円状の集落を指すという。越谷市には似た地名で「越巻」がある。

「三九《さんく》」は、三郷市の広報誌、『みさとの史跡』には、「三九郎というもの開きし地なり」とある。「三九郎」は岩槻城城主、太田氏房の家臣、浜野大学の弟、三九郎のことで、岩槻城が落城した際、この地に移り住み、土地の開拓に当たったのでつけられた。

「境木《さかいぎ》」は、村の境に大きな柳の古木があり、そのまま村名になった。

「鎌倉《かまくら》」について、『みさとの史跡』は、市文化財審議委員長だった石川新太郎氏の説として「源頼朝が出兵してこの地を通ったので鎌倉の地名になった」との見方を紹介している。鎌倉という地名は葛飾にもあり、鎌倉幕府を開いた頼朝にちなんだいわれがありそうだ。

◆多い「とろ」

「高須《たかす》」は、高い所を指す。古利根川の自然堤防からその名が生まれたようだ。「小向《こむかい》」の地名について、『風土記稿』は、「村南古川の対岸金町御関所の辺を大向こうと呼び、此の地を小日向と称するときは、彼に対して起こりし名なり」と記している。

「長戸呂《ながとろ》」の「戸呂《とろ》」は、河川の流れの緩やかな所を指すことが多い。旧利根川（現江戸川）の流れが浅く、緩やかな所だったようだ。埼玉県には川が多いことからか、「長戸呂（杉戸町）」「長瀞町」「土呂（さいたま市大宮区）」など、似た地名がある。

（栗原猛）

メモ **人も企業も急成長**　市内全域が下総国（千葉県）葛飾郡だったが、17世紀に武蔵国に編入された。1889（明治22）年、早稲田、彦成、戸ケ崎、八木郷の4村で発足、その後、三郷町を経て1972（昭和47）年に三郷市へ。当時、人口は約4万9千人だったが、東京に隣接し、大規模住宅団地の開発、東京外環自動車道、つくばエクスプレスの開通などが続いて、この10年間に人口が10万人を超える急成長をした。企業の進出も盛んで従業員4人以上の事業所数は395と多い。人口14万2837人、6万5717世帯。

【三郷市②】開拓者の名前　地名に

三郷市の地名には、開拓者の名前が、そっくり地名になったケースが多いのが特徴だ。

◆郷里の名

「茂田井《もだい》」は三郷駅の南側に広がる。信濃の国の佐久郡茂田井村出身の榎本藤右エ門を招いて開拓した。榎本は故郷、茂田井を懐かしんで村名を茂田井にした。

三郷駅北口から徒歩15分の「丹後《たんご》」は、「伊原丹後というもの開発せしによりて村名になった」とされる。「半田《はんだ》」は、当初は「半左エ門新田」。「半左新田」となり、半田になった。「市助《いちすけ》」も珍しい地名だが、名主の市助という人物が開墾したので付けられた。

市中央部に位置する「幸房《こうぼう》」は、『風土記稿』によると、松永久左エ門幸房が開発したので、幸房になった。

◆「彦」の不思議

「彦成《ひこなり》」は、隣の吉川市の古刹《こさつ》、定勝寺の鐘銘に「郡に吉川、彦成の二郷あり、諸邑戸これに属す」との記事があり、かつては大きな村だったようだ。またこの地域の中川沿いには「彦倉」「彦糸」「彦音」「上彦名」など「彦」の付いた旧村名が多く不思議がられている。

いくつか見解があって、吉田東伍氏の『大日本地名辞書』は、「これは彦の字を本として彦糸、彦音、彦倉、彦沢、彦野などに分けたのだろう。中世の名田の号であろう」とする。二つ目は、「彦」には「ひく」の意味もあり、自然堤防が連なっていることから付いたとの見方だ。三つ目は、「彦」は男性、「姫」「比売《ひめ》」は女性の呼び名なので、この視点から解明しようとする研究者もいる。

◆**税を免除**

「花和田」の地名は古利根によって起こったとされる。『埼玉県地名誌』によると、「わだ」は、川の曲がったところなどにできた陸地で、花和田の「はな」は、大地を指すとされ、大地の先にある和田の意味になるとする。

「番匠免《ばんしょうめん》」の「番匠」とは、大工の古称をいうようだ。飛騨の匠人が1年交代で都に詰めると、年貢が免除された。役務に就いたため税が免除された田のことだ。

「駒形《こまがた》」は、村の中に「駒形社」があるので付けられた。「駒」とは「高麗」に通じるといわれ、朝鮮半島から渡来した高麗人が信仰した神社かもしれない。

「早稲田《わせだ》」は、文字通り、この地方は早くから「葛飾早稲」で知られる。丹後にある「丹後神社」に「万葉遺跡葛飾早稲発祥の地」の石碑が立つ。

（栗原猛）

メモ **日本一の読書のまち推進課** 読書を街おこしの軸に据えている自治体はそう多くはないだろう。市内に図書館3館、読書室を4カ所に配置するなど、読書日本一に懸ける意気込みがうかがえる。全ての本にICタグを貼付、自動貸出機での貸し出し、図書館司書と読書支援ボランティアが連携したおはなし会、実験を通して科学知識に親しむ事業、日本語を母語としない人、英語に親しみたい人、民話の語り・朗読など多彩な催しをして、読書人口増に力を入れる。

【幸手市①】 利根川の流れと歩む

「幸せを手にする」というキャッチフレーズの幸手市。古くから利根川の流れと共に歩んできた。「須賀」や「島」など川に関わる地名が多い。権現堂堤の桜の名所としても知られる。地名の由来や歴史などを、幸手市郷土資料館の原太平館長に聞いた。原さんは「地名は土地に刻まれた記憶。幸手には川の流れの跡、海岸の痕跡、浪寄や川崎などの地名に反映されている。地名を知ることで、土地の利用にも参考になる」と話している。

◆枯れる川

地球の温暖化で縄文海進が最も進んだ5500年前の縄文前期、幸手を越えて、栃木県藤岡あたりまで海（奥東京湾）が浸入、その後、徐々に海退（縮小）、現在の海岸線となった。海辺だった所に、貝塚が発見された「槙野地原《まきのじ》」遺跡があるなど縄文海進の記憶が残る。

その後、利根川や渡良瀬川など川が幾つも流れ、乱流する。川の流れによって形成された小高い自然堤防のような所に人が住み始めた。

夏になると川の水が痩せ細ってくる。『幸手市文化遺産だより』は「市域には、今は流れていない河川流路の痕跡がはっきりと土地に刻まれています」と紹介している。

こうした状態を、アイヌ語で「『サッテク』＝川が夏になって、水が枯れて、細々と流れている状態」とされる。幸手という地名の由来だ。

◆薩天ケ島

もう一つは「薩天ケ島」という説。昔、この辺が海だったころ、ぽっかりと浮いたように島があったという説だ。海があった記憶の中で、「天神島」などの地名が残っている。

杉戸町下高野にある永福寺の『龍燈山伝燈記』に古代の記述が入っていて、倭建命が東征の時に上陸した大島が古代には「薩天ケ島」と呼ばれていた。なぜ「薩天」か、分からない。

「薩天」の「薩」は、梵語《ぼんご》の「さった＝救う」を音訳した文字で、縁起の良い字。アイヌ民族が使っていた「さって」という言葉に、音を当てたのかもしれない。

「幸手」と書かれた初期の頃の資料が『高野山桜池院《ようちいん》文書』(天文7＝1538年)。戦国時代の領主・幸手一色氏の宿坊となっていた高野山の子院・桜池院に伝えられる文書で、「幸手三十三郷」という表現がある。

『新編武蔵風土記稿』には、幸手宿について、1645(正保2)年の国図に「田宮町」と記し「薩手とも云と傍記す」とある。慶安(1648～52年)期までは幕府の認識は「田宮町」だったことが、『武蔵田園簿』から分かる。そこには「薩手共云」と但し書きがあった。

1702(元禄15)年の『元禄郷帳』には「幸手町」と記され、この頃、「幸手」が定着したらしい。

◆雷の通路

なぜ「田宮町」か?『風土記稿』によると、村民が「水田に雷電の神体」が立っているのを見て、田に「宮を建て安置」したことから、「田宮」が地名になった、とある。田宮の雷電神社が地名のルーツだ。

落雷した跡を、神様が降りたということで祭ることがあるという。原さんは「雷が落ちるというのは、神様が降臨するみたいな神聖な感じがするのではないか」と語る。利根川流域は、雷の通り道と言われていて、そういう落雷したような所に雷電神社を建てたという。群馬県板倉町に本社がある。（福井広信）

メモ
合併史 1954（昭和29）年〜55年、日光街道6番目の宿場町として栄えた幸手町と、行幸《みゆき》、桜田、上高野、権現堂川、豊岡、吉田、八代《やしろ》の7村が合併（幸手宿は右馬之助町、久喜町、仲町、荒宿、牛村が合併）。86年、市制施行。「行幸」は「行幸堤」から。天皇の行幸にちなむ。命名に当たって、お伺いを立てたという。今は小学校や地区の名前に残っている。人口5万389人、2万2840世帯。

【幸手市②】桜の名所は治水の要

幸手市内には、「平須賀《ひらすか》」や「高須賀《たかすか》」「上高野」「川崎」「神明内（しんめいうち・しべうち）」などのほか、「円藤内《えんどうち》」「外国府間《そとごうま》」「宇和田《うわだ》」など、川や海の痕跡を反映した地名が残る。

◆権現堂の桜

「権現堂村」という地名は、村内に熊野、若宮、白山という三つの権現様が祭られていたことから。そこを流れる利根川が権現堂川、土手が権現堂堤と呼ばれるようになった。明治天皇が行幸したことから「行幸堤《みゆき》」とも呼ばれた。

権現堂堤は桜の名所で知られるが、元々は治水の要。ここが決壊すると、江戸まで洪水が及ぶ。江戸を守る土手、「御府内御囲堤」と呼ばれていた。将軍様のいる江戸を守る土手と、幸手の人は誇りを持っていた。元々の堤は現在よりも長かった。

権現堂堤によって洪水の危険をなくして新田を開発。穀倉地帯となり、「惣新田」という地名が残る。年貢米を「権現堂河岸」から江戸川を経由して江戸へ船で送られた。当時は、川が高速道路のような役割を果たした。大水害で決壊した権現堂堤の水を止める工事で、人柱を建てたという伝説がある。供養するために「順礼之碑」が立っている。

◆将門の首塚

神明内にある「浄誓寺」境内に、天慶の乱（940年）で敗れた平将門の首塚がある。塚の高さは約3メートル。塚の上には古い五輪塔がある。将門には茨城県猿島郡あたりを地盤にしていたことから茨城の（人物の）イメージがあるが、利根川の東遷前、江戸時代の初めまで、幸手は「下総国猿島郡」に所属していたので、このあたりも「将門文化圏」だったのかもしれない。朝廷に反抗した悲劇の英雄として、首塚ができたとみられる。

将門に関連する地名に「赤木」がある。「神明内」に隣接する「平須賀」の小字。将門の首を切った時に、飛び散った血が木に掛かって、赤木という地名になったという言い伝えだ。

隣の「木立《きだち》」の「たち」も「低地に臨む台地の端」という意味があるといわれるが、「公達《きんだち》＝公家」から変化、将門の子孫が移り住んだという言い伝えもある。

◆マリア地蔵

権現堂新田に「マリア地蔵」がある。1820（文政3）年に建立。中に「イメス智言」の文字。「イエス」を装ったとみられる。十字架が刻まれ、蛇の彫刻が入っている。キリスト教は、蛇は神聖なもの。さらに「イクトゥス」という、魚の形をしているマークが入っている。これらのことから潜伏キリシタンの信仰対象とみられる。

その近くに「安面」という地名がある。「アーメン」じゃないかという人もいるが、疑問という。「神扇《かみおうぎ》」は幸手一色氏にちなむ。平須賀の近くにある大きな沼に、一色氏が祭った「荏柄天神様」が扇を持っていたからと伝えられる。

「田宮」の小字として、『風土記稿』は、右馬之助町、久喜町、牛村、浪寄、仲町、荒宿、中新田、裏町が紹介されている。荒宿は「新宿」から取って、それが荒ぶるという威勢のいい名前になったとみられる。裏町は戦国から江戸時代への宿の変遷から付いた。江戸時代に日光道中が、町を避けるように通ったため裏町になったが、戦国時代は幸手城のお膝元の町であった。

（福井広信）

メモ▶見どころ 幸手から囲碁の本因坊が江戸時代に3人出ており、お墓が残っている。日光東照宮に、徳川家代々の将軍が大行列で日光御成道を通って社参する際、幸手宿の「聖福寺」でランチ。メニューが再現されている。1783（天明3）年の浅間山噴火による飢饉《ききん》の際、幸手宿の商人たちがお金やお米を出して人々を救ったことを記念する「義賑窮餓《ぎしんきゅうが》之碑」が「正福寺」にある。幸手宿のにぎわいをほうふつとさせる岸本家住宅主屋（国の有形文化財）もある。

【白岡市①】「水の豊富な大地」か

県内有数の梨の名産地で、市の花も梨の花。江戸時代の朱子学者・新井白石の所領があったことで知られる。県内40市で、2012年に市制施行した最も若い市である。

◆白いハト

「白岡」という地名の由来について、市のホームページには2説紹介されている。

一つは、白いハト説。白岡八幡宮の縁起によると、慈覚大師円仁が平安時代（849年）、当地に来て、阿弥陀薬師を祭祀《さいし》した時、3羽の白いハトが舞い遊び、その様子を「白い鳩の舞い遊びし岡」として、「白岡」と命名したという言い伝え。

円仁さんの前で舞い遊んだ「3羽の白バト」はどのようなハトか？　よく目にする「ドバト」は「カワラバト」。

カワラバトは在来種ではなく、古くに中国大陸から入ってきたといわれるが、849年の段階ではいないとみられる。県の鳥・シラコバトも、日本に入ってきたのは江戸時代。「ヤマバト（キジバト）」とすれば、茶褐色や紫がかった灰色で、白いキジバトは珍しい。それが3羽もいるというのは、かなりの確率。「白い鳩の舞い遊びし岡」で「白岡」という説明は、いささか苦しい。

◆縄文貝塚

もう一説は貝塚説。白岡八幡宮の北、正福院貝塚の貝殻が、元荒川の方から見ると太陽の光で輝いて見え「白く光り輝く岡」から「白岡」となったという説、市制施行を記念して発行した『白岡市の指定文化財』では、(貝塚は)「地表面から確認できないものが多い」と、疑問を投げ掛けている。

正福院の墓地にある正福院貝塚は縄文時代前期に形成されたとみられる。墓地として使われているので発掘調査されていないが、本堂の調査をすると、縄文前期の住居跡が出てくる。蓮田市の黒浜貝塚、綾瀬貝塚と同様に、縄文時代前期の貝塚。

この時期の貝塚の特徴として、「地点貝塚」といって、廃棄された住居地の中に貝を捨てている。この辺りは東京湾の一番奥。ものすごい分量の貝が採れるわけではないし、岡が一面真っ白に見えるほどの貝ではない。

市教育委員会の文化振興担当主査の奥野麦生さんは「正福院貝塚は墓道が整備されてしまっているが、以前は、5、6地点で貝の散布が認められたものの、表面でチラチラとしているぐらい。とても遠くから見て分かるという程度ではない」と話している。

◆谷の湧水

元荒川の白岡の対岸、蓮田市の「閏戸《うるいど》」には「貝塚」という地名がある。大阪・貝塚市とか貝塚と分かっていれば「貝塚」という名前を付ける。「白岡」という名前をあえて付けているのはなぜか？　奥野さんは「『しろ』が『水』を意味する言葉ということに、注目しておくべきではないか。必ずしも『白』が『ホワイト』である必要はないのではないか」と言う。

風水とか陰陽五行でいうと、「白」は「水」を指す。白岡のある大宮台地の西側は「開析谷」が多数ある。台地に染み込んだ水が谷筋に湧いてくる。最近まで白岡地区でも湧水が何地点もあったという。奥野さんは「『水の豊富な大地』というくらいの意味合いもあるかもしれない」と推定する。

他にも仮説がある。「白岡八幡宮（神社）」の「社」は「やしろ」と読む。「や」がとれると「しろ」となる。また「しらおか」ではなくて、「やしろおか」だった可能性も推定される。

また白岡八幡宮や正福院の近辺は、武士団の鬼窪氏が拠点としていた地域。たくさんの兵が入れるほどの拠点となった「城館跡」は、お城だった。そうならば「城岡」というふうな可能性もある。「白」に転化した可能性も考えられる。奥野さんは「そんなことも考えられますが、推測の域を出ません」と話している。（福井広信）

メモ　**梨の名産地**　白岡で梨の栽培が盛んになるのは明治43年8月の大水が契機。熊谷の中条堤などが切れて、東京まで水害が及んだ。その少し前に白岡に伝わっていた。梨は棚に作っているので水没せず無傷だったという。商品作物として売れたので、急速に栽培が普及した。梨の栽培に向いている土地柄だったことも要因。

白岡は地下水の水位が高いため、梨の身上である、みずみずしい梨が採れる。「幸水」「豊水」などが中心。8月上旬の幸水から収穫が始まり、9月に豊水の最盛期を迎える。

【白岡市②】川と大地　色濃く影響

◆討ち死に

白、赤、黒と色彩的な地名があるというのは、川と台地などの地形が影響している。「上野田」の「赤砂利《あかっちゃり》」『宿赤砂利《しゅくあかっちゃり》』という地名は「土質が悪く赤土だったので」という説もあるが、「鉄さびの色」が由来と思われる。

大宮台地の「慈恩寺支台」と言われる関東ローム層の下にある礫層は赤い。鉄分を非常にたくさん含んでいることが原因。井戸などを掘り抜くと、礫が真っ赤、鉄さび色になっている。

「篠津《しのづ》」にある「赤池」には伝承が残っている。隣の菖蒲町には菖蒲城があり、戦国時代、菖蒲城の武士が戦に敗れ、ここに追われて、全員討ち死にした。その血が池を真っ赤に染めたので赤池と言うと伝えられている。奥野さんは「恐らく、この赤も鉄。周りの台地が含んでいる鉄分が浸潤してきて、農業用水路なんかを赤く、さび色に染めている」と言う。

◆タタラ山

隣の蓮田市にある「黒浜」。「黒」というのは「鉄」、錆《さ》びる前の砂鉄の黒。河川が運んで来た砂鉄を原材料にして、鉄生産を行っていた。

白岡市内でも「タタラ山」「中妻」という遺跡でも鉄生産をやっている。「タタラ山」は古代にさかのぼる遺跡で、鉄の不純物のような塊が出土している。

砂鉄が取れるということは、河川の流路と関係がある。この辺は荒川や利根川が乱流している地。「実ケ谷《さながや》」の「さな」は鉄を意味する。児玉郡神川町にある「金鑽神社《かなさな》」は、「砂鉄」を意味する「金砂《かなすな》」が由来といわれる。「小久喜《こぐき》」の「くき」は小高い岡（実ケ谷と小久喜は、1800年ごろ、北海道の松前藩領有となったことがある）。今の市役所付近を「日川《にっかわ》」が流れていた。利根川水系の支川で、旧日川の流路を日川筋と呼んでいる。中世の埼玉郡を東西に分けるほどの大河だった。いまはわずかに「日川宮市」という小名に面影を残している。

◆鬼窪郷

利根川と荒川という大河が一番接近する狭さく部が白岡周辺。そこを押さえた武士団が「鬼窪氏《おにくぼ》」。物流の拠点で、鉄生産という先端技術を持っている土地を得た鬼窪氏は、この辺りを席巻、勢力を拡大した。

中世段階では、篠津、白岡、小久喜、実ケ谷辺りは「騎西郡鬼窪郷」と言われている。

「七カマド」は白岡八幡宮に従事していた神田氏が7人住み、「七軒神田」と言われていた。かまどが7あるということから。「神田」は神社に仕えて、神社の田んぼを耕す人たち。変わった地名の「爪田ケ谷《つめたがや》」。「爪」は台地の先っちょで「爪の部分」といわれるが、詳細は不明。「日勝《ひかち》」は日清戦争の戦勝を記念して命名。地区の通称「菁莪《せいが》（あざみ）」は「四書五経」からで、「優秀な人材を輩出する所」を意味する。菁莪小学校の校名に残っている。「野牛《やぎゅう》」は柳の生えている所を示す「柳生」が転化した。日川の流路沿いの自然堤防辺り。野牛村は新井白石の領地だった。肖像画や『折たく柴の記』の写本などが残っている。

※白岡の地名の由来について、読者の郷土史家の方から、「平らな岡、『平岡』が『白岡』に変わったという考えはどうでしょう」という意見が寄せられました。（福井広信）

メモ

新井白石（1657～1725年） 江戸時代中期の朱子学者。6代将軍・家宣、7代家継に仕え、「正徳の治」と呼ばれる政治改革を推進した。著書に『西洋紀聞』や『折たく柴の記』など。1709（宝永6）年、野牛村500石の領主となった。洪水に悩まされた農地に水路を掘り、収穫を向上させたという。白石ゆかりの水路などが伝えられている。1889（明治22）年、篠津、野牛、白岡、寺塚、高岩の5村で「篠津村」、柴山荒井新田　上大崎　下大崎の4村が「大山村」、95年に岡泉　実ケ谷　千駄野　小久喜　上野田　下野田　爪田ケ谷　太田新井　彦兵衛の9村で「日勝村」となった。この3村で1954（昭和29）年、白岡町となり、2012年、人口5万人を超えて、白岡市となった。現在の人口は5万2425人、2万1909世帯。

【久喜市①】古利根川の高台に発展

久喜市は、関東平野のほぼ中央、県の東北部に位置する。久喜は古利根川の低湿地の高台の地域に発達した。約6千年前、久喜周辺には海が広がっていた。高台の神ノ木2遺跡からは100軒以上の住居跡が発見されている。

◆由来に3説

久喜という地名の由来について『久喜市史 民俗編』は、いくつか説を挙げる。①はアシなどの茎から起こったとする。②は、「所久喜」「野久喜」「古久喜」などの地は、いずれも自然堤防上の集落なので、久喜とは小高い所を指すとする。③は「久木」の当て字でまきの採取地とみる。柳田国男の『地名の研究』も薪や茅などの採取に由来するとする。今は②説が有力なようだ。

◆「あおげ」「おおげ」

「青毛」は「あおげ」と読まれるが、古くからの住民の間では「おおげ」が使われている。例えば市内を流れる「青毛堀川」は「おおげぼり」と呼ばれる。これは中世の村名に「大毛」の文字が当てられていたことに由来すると言われる。

旧久喜市時代の小学校社会科副読本には、「青毛」に「あおげ、おおげ)」と二つの読み方が示され、『久喜市史 民俗編』の「方言・俗語一覧」は「オーゲ・青毛」とする。

一方『騎西町史 民俗編』には、「上青毛掘《かみおおげぼり》」とあり、『鷲宮町史 ふるさとガイド』も「下青毛掘《しもおおげぼり》」だ。『総合日本民俗語彙《ごい》』によると、「青毛」とは作物を青いうちに刈り取ることとしているが、これに由来するかは不明。「あおげ」は、1980（昭和55）年に開校した「青毛小学校」が、「あおげしょうがっこう」と呼んだことが、きっかけともいわれる。地名は日常生活に切り離せないばかりか、それぞれの地域の歴史をたどる糸口にもなるだけに、人々の思い入れが知られて興味深い。

◆法華経6万部

「六万部《ろくまんぶ》」は、難しい地名だ。市の北西部、加須市に接する地域にある。『新編武蔵風土記稿』によると、往時この地には法華塚があり、法華経六万部の供養塔があったことに由来するという。「六万部」は、さいたま市浦和区、越生町上谷に、また「四万部」の地名は秩父市栃谷などにある。

「吉羽西村新田《よしばにしむらしんでん》」の「吉羽」は、『風土記稿』では「葦《よし》」と「場《ば》」とされ、「吉羽」「西村」両村のカヤの生えている原野を開拓して誕生した新田という意味であろう。

（栗原猛）

メモ

郷学と久喜藩 久喜藩は、学問に熱心だった代官の早川八郎左衛門正紀の影響で、「遷善館《せんぜんかん》」「明倫館」など「郷学（武士や村民の学校）」が盛んだった。「中島撫山《ぶざん》」が開いた「幸魂教舎《こうこんきょうしゃ》」は、弟子1500人といわれた。撫山は『山月記』などの作家、中島敦の祖父。江戸の漢学者で久喜に招かれ、開いた。「幸魂」は埼玉の古名。前・市文化財保護審議会会長の石井昇氏は「橋本昭（元教育長）氏を中心に郷学の伝統を継いだ論語の勉強会が続いています。もっと小中学生にも広げたいですね」と語る。久喜市の人口は15万2704人、6万7282世帯。

【久喜市②】用水路や沼　社が背景

久喜では7月、関東一といわれる「提燈祭り《ちょうちんまつり》」が開かれる（2020年は新型コロナの余波で中止）。旧久喜町の鎮守である八雲神社の祭礼で、7台の山車の人形が、夕方には提灯に代わるという、全国的にも珍しい祭り。飢饉《ききん》や疫病退散などのため江戸時代から始まったといわれる古い伝統を持つ。

◆樋ノ口は水門

「樋ノ口《ひのくち》」は市の南端に位置し、東は姫宮川、南は下星川を隔てて白岡市に接する。域内に黒沼、樋口の二つの用水路が流れる。樋ノ口の「樋」は、せき止めた水を流す水門のことで、水門が多かったのでこの名が付いた。

「清久《きよく》」は、1889（明治22）年、「六万部」「上清久」「下清久」「北中曽根」「所久喜」の5村が合併して「清久村」が誕生した。『吾妻鏡』によると、源頼朝に仕えその後、幕府の御家人として活躍した「清久次郎秀行《じろうひでゆき》」の出身地だ。館は上清久にある「常徳院《じょうとくいん》」の周辺とされる。

◆白旗城伝説

清久氏についてはこういう言い伝えがある。清久氏のいる清久城は白旗をなびかせ「白旗城」（源氏）と呼ばれた。ある時、大きな沼を挟んで「赤旗」(平氏)を掲げた赤旗城が戦い、白旗側が劣勢になった時に雷鳴がとどろいて豪雨になり、沼から大蛇が現れて赤旗城側を攻め滅ぼしたという。

この沼は「白幡沼《しらはたぬま》」と呼ばれ、現在は埋められてないが、地元では「しらはたさま」と親しまれる「白幡山常徳院」と「白幡雷電神社」があり、赤旗神社のある地には赤旗城があったとされる。

◆「しゃもじ」

「江面《えづら》」は埼玉郡騎西領に属し、1889(明治22)年に、「江面」「除堀」「原」「樋ノ口」「北青柳」「下早見」「太田袋」の7村が合併し「江面村」が発足。1954(昭和29)年の合併で「久喜町」となる。

江面の由来は、元禄期の地図には「河原井沼」が描かれているので、「この沼のほとり」という意味のようだ。現在の久喜菖蒲工業団地のある「河原井町」で、安永年間(1772~80年)に、河原井沼は開墾され新田になり、いまは地名だけが残っている。

江面の字《あざ》の地名に珍しい「社宮司《しゃぐし》」があり、社宮社を祭っている。社宮社は音《おん》が「杓子《しゃくし》」に似ているので「しゃもじ」に転じ、「おしゃもじさま」になった。風邪、ぜんそくなどには、この社宮司社のおしゃもじで喉を撫《な》でると、効くという伝説が生まれた。治ると2本にしてお礼をする。

『埼玉県地名誌』は、似た地名として嵐山町の「社宮司」、さいたま市浦和区の「尺地」、本庄市の「社具路」、熊谷市の「社口」などを紹介する。「おしゃもじ信仰」は関東から尾張、伊勢、飛騨の地域に分布し、長野県の諏訪大社の信仰圏と重なるとされる。

(栗原猛)

メモ **鉄道と道路と歴史遺産** 久喜市はそれぞれ歴史のある久喜市、鷲宮、菖蒲、栗橋町の1市3町が2010（平成22）年に合併。地域ごとに特色ある町づくりが進む。JR宇都宮線、東武伊勢崎線、日光線が乗り入れ、また東北道や圏央道、国道4号、国道122号など県外へのアクセスも向上した。久喜菖蒲、清久の二つの工業団地には120を超える企業が進出。歴史遺産では「甘棠院《かんとう》」は、古河公方足利氏の館跡として知られる。戸賀崎熊太郎ら多くの剣術の達人を生んだ神道無念流の戸賀崎氏練武遺跡など歴史遺産も多い。

【久喜市③　旧菖蒲町】「公園の父」育んだ地

旧菖蒲町は、名前の通り花の街だ。ショウブやラベンダー、ポピーが咲き誇る。また日比谷公園や明治神宮の森などをつくった本多静六の生誕地である。久喜市文化財保護課長の堀内謙一さん、文化財・歴史資料係長で学芸員の池尻篤さんに、旧菖蒲町や旧栗橋、旧鷲宮について聞いた。

◆ショウブ

「菖蒲」という地名の起こりには二つの説がある。奈良時代、高僧・行基が下野に向かう途中、日が暮れたが人家も見当たらず、白く光る沼があるだけだった。一面にショウブやヤナギが密集しており、光って不思議な所なので、「菖蒲」という地名が起こったという伝説だ。

もう一つは、戦国時代の初め（15世紀半ばごろ）、鎌倉公方だった足利成氏《しげうじ》が古河に移っていくが（後の古河公方）、家臣にお城を造らせた。お城が完成したのが、ショウブが生い茂る5月5日だったので、お城が「菖蒲城」、この地が「菖蒲」となったという言い伝えがある。

菖蒲城のある所だけ高くなっていて、周りは低い。そこだけ湿地帯で、ショウブが生えていた可能性がある。今は水田になっている。元々は旧星川の自然堤防の後背湿地のような所だ。

「見沼代用水」などが流れていて、水運でも栄えた所。昔は河岸場などがあった。『埼玉県地名誌』は、古くは「水路」を「ショーブ」と呼ぶところから、「菖蒲」という地名が起こったと紹介している。

◆天王山塚古墳

菖蒲は江戸時代、「戸ケ崎村」。1877（明治10）年、「菖蒲」に変わった。1889（明治22）年には「新堀村《にいぼり》」と合併。1954（昭和29）年、菖蒲町と小林《おばやし》、三箇《さんが》、栢間《かやま》、大山村上大崎が合併した。

「三箇村」は元々、三つの村（辻、寺中、大蔵）だった。『新編武蔵風土記稿』によると、明応年間（1492～1501年）に合併して三箇村となった。大蔵は鎌倉時代、武蔵七党・野与《のよ》党の流れをくむ大蔵氏の本拠地だったといわれる。

1889（明治22）年に、三箇村と「台村《だい》」「河原井村《かわらい》」が合併して、新しい三箇村になった。「河原井村」で本多静六が生まれた。「小林」と書いて「おばやし」。『新編武蔵風土記稿』によると、太田道灌の家臣が開いて、小林周防守と称したと伝えられる。

「栢間村」は鎌倉武士の野与党萱間（栢間）氏の本拠地。江戸時代は内藤氏の領地だった。栢間には巨大な「天王山塚古墳」がある。100メートルを超える前方後円墳で、埼玉古墳群とほぼ同じ規模。6世紀後半に築造されたとみられる。

「利根川は昔、いろんな流路があった。『カヤ』とか『ヨシ』の名前が出てくる。ただ栢間は台地状になっていて、古墳ができたくらいで、水が来るという所ではない」と指摘。「栢間」は謎だ。

このほか「矢足《やだれ》」「餝面《かざりめん》」「木間金《きまがね》」「京手《きょうで》」などの興味深い地名がある。

◆クイズで勝負

「久伊豆神社」は、普通は「ひさいず」と呼ぶが、上新堀と下新堀にある神社だけは「くいず」と呼ばれる。クイズに興味ある人はけっこう拝んでいるという。

同様に「菖蒲神社」も、「しょうぶ」で勝ち負けに通じるということで、験を担いで、参拝する人も多い。菖蒲神社は袋田明神社と号していた。旧河川が袋状に流れ、広がる田んぼに座す神に由来するとも考えられるという。境内にある藤の木が有名だ。樹齢約350年で県指定の天然記念物。

（福井広信）

メモ **本多静六** 1866（慶応2）年〜1952（昭和27）年。苦学して東京大学を卒業後、ドイツに留学。日本で最初の林学博士となり、日比谷公園や明治神宮の森のほか、秩父・羊山公園、さいたま市・大宮公園など多数の公園に力を尽くした。「日本林学の父」とも「公園の父」とも呼ばれる。比企郡「嵐山」の生みの親でもある。久喜市菖蒲総合支所に記念館がある。

【久喜市④　旧栗橋町】道中7番目の宿場町

栗橋は利根川と共に生きてきた。奥州への交通の要衝にあり、五街道の一つである日光道中が通り、道中7番目の宿場町として栄えた。利根川の渡船場や河岸が設けられ、街道唯一の関所である「栗橋関所」があった。奥州平泉へ落ち延びる源義経を慕った「静御前」の伝承と墓が伝わる。

◆主客転倒

今の栗橋の宿場があった場所は慶長年間（1596〜1615年）、「上河辺新田」として開発された。「栗橋」は、もともと隣の茨城県五霞町にあった。ここには戦国時代まで「栗橋城」もあった。1590（天正18）年にお城が攻略された後も交通の要衝だった。

江戸時代になってから、幕府が1602（慶長7）年、日光道中の整備を始め、今の栗橋に宿場を開く時、五霞町から人が移ってきた。

利根川の改修（利根川東遷）で、五霞町は水害に悩まされるようになったために、移転したともいわれている。『久喜市の歴史と文化財①日光道中栗橋宿・栗橋関所』などによると、最初は「今栗橋」や「新栗橋」と呼ばれ、五霞町の方は「本栗橋」などと呼んでいた。1624年、新栗橋に「関所」を設置するなど、宿場機能が充実。「新栗橋」の宿場の方が大きくなって「栗橋」となり、五霞町の方が「元栗橋」になった。

◆房川渡し

「栗橋」の地名の由来は、川の両側に柱を立てて、綱を張って、綱を「手繰《たぐ》り」、舟で渡ったためという説などがある。

また栗橋の「くり」は自然堤防の尾根、「はし」は縁で、「台地の端」を意味するとの説もある。元栗橋のある五霞町は川に囲まれた台地状でほぼ平坦な地形だ。

利根川は舟で渡った。渡しを「房川《ぼうせん》渡し」と呼んだ。「房川」は地名としては残っていない。「房川」の由来について諸説ある。①『新編武蔵風土記稿』によると、栗橋宿の法華房の前にあったので「坊前の渡し」と呼ばれ、「房川渡し」になった　②利根川が大きく蛇行して房状になっており「房川」と呼ばれていた。

日光道中は徳川家康を祭る聖地・日光東照宮への街道。歴代将軍が参拝する「日光社参」は、江戸城を最後尾が出発するまで10時間という大行列だったらしい。その時だけ、房川渡しに「船橋」を架けた。舟を51隻並べて、「虎綱」で固定、その上に板を乗せた。社参終了後、関係者に記念品として虎綱の一部が与えられた。郷土資料館に保存されている。

◆静御前

1957（昭和32）年、栗橋町と「静《しずか》」「豊田」2村が合併した。旧静村は1889（明治22）年、伊坂、間鎌など6村が合併。伊坂村に静御前のお墓があることから、静村に決まった。

伊坂村「宝治戸浦《ほうじとうら》」の「宝治」は、村境の標識である「傍示《ぼうじ》」が転化したらしい。徳島県徳島市にも「傍示」がある。

旧豊田村は河原代、狐塚など6村が合併。「狐塚」は稲荷信仰から田の神を祭ることに由来するという。

伊坂村の「一言《ひとこと》」には「一言明神」が祭られている。「一言で吉凶を決められる雨乞いの神」だ。人柱伝説もある。利根川が決壊した時に、通り掛かった旅の母子を人柱にした際、母親が「一言、言い残したい」と懇願したが聞き入れられなかった。母子の霊を慰めるために建てられたという。

（福井広信）

メモ

静御前　奥州に向かう途中で、義経の死を知って、悲しみのうちに栗橋で亡くなり、埋葬されたと伝えられている。『久喜市ゆかりの人物ブックレット』によると、日本各地に数多くの伝承があり、伝承も3パターンに分けられるという。①京都へ戻った後を伝える　②義経を追った足跡を伝える　③平泉で死なず、北海道を目指す義経を追う静御前を伝える。いずれにしても日本人の「判官びいき」を強く反映している。栗橋駅近くに「静女之墳」と刻まれた石碑が立っている。

【久喜市⑤　旧鷲宮町】神社の門前町で繁栄

鷲宮は、鷲宮神社の門前町として栄え、神社の名前が地名となった。国の重要無形民俗文化財「鷲宮催馬楽《さいばら》神楽」が伝えられるなど、古い伝統がある。最近はアニメ『らき☆すた』のモデルとなったこともあり、「アニメの聖地」として有名になり、にぎわっている。

◆土師宮

土器製作などに関わった「土師部《はじべ》」の人々が作った神社が元になっている。神社は伝説として「土師宮《はじのみや》」と呼んでいたのが、「わしのみや」に変わったという。平安時代に起きた、音韻が変化する「ハ行転呼」で、「は」が「わ」と読むようになった結果ともいえそうだ。

また「わし」は「和市」という見方もある。和市は平安時代、市場が円滑に行われていることを意味している。「門前市が平和に行われている神社」という見方ができる。

鷲宮には神社にまつわる地名として、社宮司《しやぐうし》、宮前、神明裏、宮田、宮脇など多数ある。

◆河畔砂丘

「上内村《うえうち》」に、日光を開山した「勝道上人《しょうどうしょうにん》（735〜817）」が807（大同2）年に開いたと伝わる「上内山寿徳寺」がある。勝道上人を尊崇して「上内村」と名付けたといわれる。

「久本寺村《きゅうほんじ》」は、昔、「くほんじ」と呼んだ。久本寺にある広福院の寛政元（1789）年の梵鐘《ぼんしょう》に「光明山九品寺広福院」という銘があり、年未詳の石祠《せきし》にも「九品寺邑」と刻まれており、村名の元になった「九品《くほん》寺《じ》」があったといわれる。

「西大輪《おおわ》」と「東大輪」は元は一村。その丸い形の自然堤防の地形が車輪に似ており「大輪」と名付けられたといわれる。

「西大輪砂丘」が西大輪神社境内にあり、県の天然記念物になっている。川を流れてきた砂が、強い季節風で古利根川沿いに形成された河畔砂丘である。

自然堤防も、河畔砂丘のいずれも利根川の流れに起因し、地名に反映している。

◆**霞ケ関**

「八甫村《はっぽう》」は、古利根川が合流する所。地名の起源は①元は「八浦」と記され、八つの浦ができていた ②八隻の船が上がっていき、船の帆が八つ見えたので「八帆」 ③八つの村に接して、「八方」に村がある――などの説がある。

戦国時代の文書にも船が30隻上ってきたと書かれている。川が合流している所なので、八甫は水運流通の結節点だった。江戸時代に編纂《へんさん》の『新編武蔵風土記稿』にも紹介されている。文献によっては「浦」とか「甫」だったりする。八甫の遺跡からは銭《ぜに》が出土しており、繁栄していたことがしのばれる。

「上川崎村」の「崎」は、川に突出した所、川の曲がりくねった所。古利根川の屈曲した流れの場所だ。

「葛梅《くずめ》村」は、上内村から分かれた。なぜ「葛梅」かは不明だという。葛梅の小字「七曲《ななまがり》」は「七曲り堤」があった。

「霞ケ関」は、小字にも見当たらないが、葛西用水に架かる橋の名前に残っている。川を通行する船などを取り締まる関所があったといわれる。鷲宮神社は通航する船からお金を集める権益を認められていた関係で、霞ケ関という名前が残っている可能性がある。

（福井広信）

メモ

町の変遷　鷲宮神社境内遺跡からは6千年前の縄文時代前期の住居跡が発掘されている。鷲宮神社の創建は関東最古といわれる。「土師一流催馬楽神楽」の始まりは不明だが、同神社によると、鎌倉時代の歴史書『吾妻鏡』に紹介されており、関東の神楽の源流。1889（明治22）年、上内《うえうち》、鷲宮、葛梅《くずめ》、久本寺《くほんじ》、中妻《なかづま》の5村が合併、鷲宮村（町）となる。八甫《はっぽう》、東・西大輪《おおわ》、外野《そとの》、上・中・下川崎の7村で八輪野崎《やわのざき》村（後に桜田村に変更）。1955（昭和30）年、鷲宮と桜田が合併、鷲宮町となり、2010年、久喜市に菖蒲、栗橋町と合併。

第3部

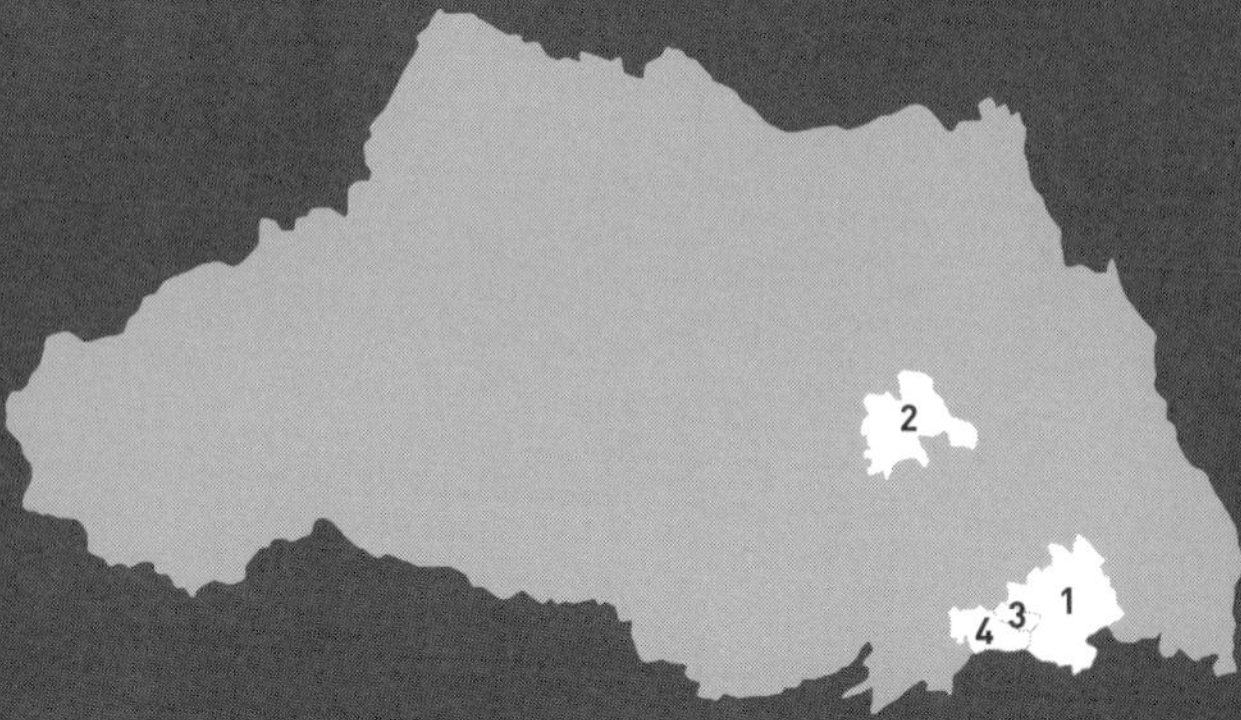

1　川口市
2　上尾市
3　蕨市
4　戸田市

【川口市①】荒川の水運で繁栄

川口は鋳物と植木の街として知られる。「荒川の川砂や粘土が鋳物産業を育て、隣接する大消費地・江戸、東京へ舟で運んだ水運に栄えたが、水害に苦しんだ歴史もある」(川口市郷土史会理事の畔上百合子さん)

◆鎌倉後期に登場

川口市内を、荒川をはじめ芝川や綾瀬川などが縦断する。川口の地名は旧入間川(荒川)河口に面していたことが由来といわれている。

川口の市名は、鎌倉後期の日記文学『とはずがたり』が初出だ。小川口という地名が登場した。『新編武蔵風土記稿』にも、1622(元和8)年、2代将軍徳川秀忠の日光東照宮社参(参詣)の際、川口町に改めたと記されている。『江戸名所図会』には「川口の渡し(往古は、こかはぐちといへり)」とある。

室町時代に成立した『義経記』には、「武州こかわぐちに到る時、その勢八十余騎にぞなりにけり」と記す。源頼朝の挙兵を聞いて奥州平泉から駆け付けてきた弟の義経が、武蔵国足立郡の小川口まで来て、兵をあらためたとの記述が載っている。

小川口の名称は、古利根川に沿った「埼玉郡大桑村河口」(加須市)に対して、渡船場が小さかったためとされている。

川口を通った鎌倉街道中道《なかつみち》は中世、奥州と鎌倉を結ぶ主要街道で、江戸期には将軍家の東照宮社参への日光御成道《おなりみち》として整備された。市立南中学校辺りの荒川土手下に「鎌倉橋の碑」がある。昭和初期までは存在したが、荒川の改修などで消滅し、石碑だけが往時を物語る。

◆十二月田村

川口市は10地区で成り立っている。旧川口町の中央地区や行政機関が集中している青木のほか、横曽根、安行、戸塚、芝、神根、新郷、南平と旧鳩ケ谷市地区。

合併の過程で消えた町名がいくつかある。旧川口の錦町は住居表示の整備で、川口3～6丁目に変更。旧横曽根村は現在の西川口や並木町、仲町区域など、仁志町は西川口に。

難読地名の十二月田《しわすだ》町は、(南平地区の)朝日、末広、新井町、弥平に変わった。小、中学校や埼玉高速鉄道の川口元郷駅近くの信号機に、この名称が残っている。小学校のホームページに由来が紹介されている。

江戸時代の飢饉《ききん》の時に、キツネが大みそか、豊作を祈って雪の積もった田んぼで、杉の葉を使って田植えのまねごとをしたところ、翌年は豊作となったことから、感謝して十二月田村と呼ぶようになったという言い伝えが由来。近くには「十二月田稲荷」がある。

◆「鋏」は不思議

横曽根村のうち浮間は1926(大正15)年に東京都北豊島郡岩淵町(現在の東京都北区)に編入された。曽根は中世から、堤防の呼称で、旧入間川によって生じた自然堤防。

神根地域は、1889(明治22)年、木曽呂、新井宿、道合村など12カ村が合併、神根村が誕生した。規模の大きな石神村に神戸《ごうど》村の「神」と、根岸村の「根」を取り、神根村と名付けた。

戸塚鋏町《とつかはさみ》は1980(昭和55)年、戸塚から分離した。「鋏」に関する地名の由来は不明だ。(上松寛茂)

メモ
合併史 1933(昭和8)年、川口町と青木、横曽根、南平柳村の1町3村が合併して川口市が発足。40年、鳩ケ谷町と新郷、神根、芝の1町3村が編入。50年には鳩ケ谷町(後に市)が分離。56年安行村、62年戸塚村が編入。2011年に鳩ケ谷市が合併して、今の形を形成している。18年1月には60万人都市となり、同4月、中核都市となった。人口60万7585人、29万3057世帯。

【川口市②】鋳物から金山町、寿町

◆キューポラの街

川口市を全国的に有名にしたのは、吉永小百合さん主演の映画『キューポラのある街』。川口を舞台に鋳物職人の一家を描いた。

キューポラとは、コークスの燃焼熱を利用して鉄を溶かす溶鉱炉。工場の屋根から突き出たキューポラから、赤い炎が勢いよく噴き出す光景が、あちこちで見られた。キューポラは川口のシンボルだった。

この周辺に鋳物工場が栄えたのは荒川が要因だ。荒川の砂が鋳型に不可欠で、最初は川口市舟戸河川敷で採取されたことから、鋳物工場は、近くの金山、飯塚、本町に集中した。また荒川を往来する舟便が、重い鋳物を運搬するのに貢献した。

◆高層マンション

江戸時代には、鍋、釜、くわなどの日用品や、寺の梵鐘《ぼんしょう》、幕末期には大砲や弾丸などをつくって発展。明治以降は門扉や鉄管、建築用品を製造、東京オリンピックでは、川口の鋳物で聖火台が造られた。鋳物にはほかの金属にはないぬくもりがあると、根強い需要があるという。

鋳物工場はキューポラから電気炉に変わり、機械部品などへの業種転換、地盤沈下や騒音問題で廃業が続出。現在、キューポラが稼働しているのは9工場10基だけ（2018年8月）。川口市民でさえ、キューポラを知らない人が増えた。

都心に近い工場街には高層マンションが次々と建った。その象徴がエルザタワー55。地上55階建て、高さ185・8メートル。住居としては一時、日本一の高さを誇った。

◆消えた寿町

鋳物工場街には「鋳」のヘンの金、ツクリの寿を分けた金山町と寿町があった。金山町には鋳物工場は1工場だけ。寿町は川口市川口と名称を変更。寿町の名称「川口寿町郵便局」と、JRのガード下にある「寿町第二地下道」の看板に残されるだけだ。

川口市郷土史会会長で、鋳物会社の4代目社長、千葉乙郎さんは「先代の父親が生前、寿町住民を代表して、町名廃止反対運動をしたが、ダメだった」と振り返る。「愛着のある地名を味気ないものにして……」。

寿町郵便局から歩いて間もない所に川口神社がある。同じ敷地内に、地名の由来となった金山神社が祭られる。鋳物の神様、金山彦命が祭神だ。

川越、さいたま市をはじめ全国各地に鍛冶町がある。鉄職人が住み、必ず金山権現が祭られているのは、興味深い。


（上松寛茂）

メモ
鋳物 川口鋳物工業協同組合によると、2017年の鋳物生産額は約8万トン。119社が加盟、実働72社。うち川口市内に立地しているのは約50社。最盛期には700社を超えた。キューポラのオブジェがJR川口駅東口広場、幕末期に製造された大砲「18ポンド　カノン砲」が、本町1丁目の増幸産業敷地内に展示されている。

【川口市③】「武南市」は幻に

◆『吾妻鏡』に「鳩ケ谷」

鳩ケ谷をはじめ、安行、戸塚などの市東部は大宮台地の南東部に位置し、鳩ケ谷支台が南北に走る。南部は荒川の一部で、蕨市の低地と連続した沖積地にある。

鳩ケ谷が歴史上、最初に登場するのは、鎌倉時代に編さんされた歴史書『吾妻鏡』。鳩山郷地頭を務めた鳩《はと》谷兵衛尉重元《がいひょうえのじょうしげもと》の名前が登場する。鎌倉幕府は1256（建長8）年、鎌倉街道中道《なかつみち》の警固を沿道の地頭らに命じているが、その中に「鳩井兵衛尉跡」という表記が見える。

鳩ケ谷の「鳩」については、①平安時代の『和名抄』の中に、「武蔵国足立郡発度郷」という地名があり、この「発度郷」を「ハト郷」「ハット郷」と読んでいたとする説や、②大宮台地に食い込む谷が多い地形に由来する説――など諸説ある。

◆合併と分離

鎌倉、室町時代は鎌倉と奥州を結ぶ鎌倉街道中道が鳩ケ谷を通り、交通の要衝だった。江戸期には徳川将軍家が日光東照宮を社参（参詣）する際の、日光御成道の宿場町として栄えた。

御成道は、日本橋を起点とする中山道から本郷追分で分岐、川口宿や鳩ケ谷宿、岩槻宿を経て、幸手宿の手前で日光街道に合流する約50キロの街道。

鳩ケ谷庁舎（西）の交差点に「ここから北　日光御成道　鳩ケ谷宿」の大きな石碑が建っている。国道沿いの街道筋には、今も風情のある古い商家の街並みが残り、宿場町としての面影がしのばれる。

鳩ケ谷町（当時）は1940（昭和15）年、川口市と合併したが、10年後に分離独立。2002（平成14）年、川口、蕨両市との合併構想が浮上したが、「武南市」という新市名案に、川口市が反発、「武南市」は幻に。平成の大合併で、11年に川口市との合併が実現した。

安行村は1956（昭和31）年、川口市との合併が実現した。安行という地名は、荘園の開発者である中田安斉入道安行の名前に由来する。

安行地区の低地を対象に、江戸時代から新田開発が進められた。東部では藤八新田、久左衛門新田、長蔵新田など、開発者の名前を冠した地名が残っている。

◆江戸の大火

全国的に知られる安行の植木は江戸時代に始まる。1657（明暦3）年、江戸の明暦大火（通称・振袖大火）によって、植木が不足、安行の植木業の祖・吉田権之丞が、植木や草花等を江戸に送ったところ人々に喜ばれたことを契機に、栽培が盛んになったといわれる。

さいたま市盆栽町の鉢植えの盆栽に対して、安行は苗木、果樹などが中心。

（上松寛茂）

メモ **安行の植木**　安行地区の農家210戸の大半が植木に関連。川口緑化センター（安行領家）のマップには35軒の植木販売農家が紹介されている。埼玉県花と緑の振興センター（安行）では、植物見本園で2000品種の植物を鑑賞できる。

【川口市④】鉄塔跡地が映像拠点に

昔、高崎線や京浜東北線の電車に乗ると、巨大な鉄塔が目に飛び込んできた。ＮＨＫ川口ラジオ放送所の電波塔だ。高さ312・78メートル、東京タワーが完成するまで日本一の高さを誇る川口の名物だった。関東一円にラジオ第1放送を送信していたが、老朽化のため1982（昭和57）年までに解体された。上青木3、4丁目にぽっかりと広がる跡地15ヘクタールに、2003年2月、ＳＫＩＰ（Saitama Kawaguchi Intelligent Park）シティがオープンした。

◆あ・い・う・え・お

川口市は、「あいうえおのまち」として紹介している。「あ」が荒川・芝川、「い」が鋳物、「う」が植木・花卉、「え」が映像、「お」が（日光）御成道。自然や特産、史跡、ハイテクなどの多彩なまちであることのアピールでもある。

「え」の中核がＳＫＩＰシティだ。県と市、ＮＨＫ共同事業として再開発、映像関連産業の集積する国際的な拠点づくりを目指す。

「跡地再開発はまだA街区だけ、D街区まであり、広大な空間を川口の未来のために役立てたい」と奥ノ木信夫市長は語る。

◆釣りざお製造

青木地区は、かつては釣りざおの生産地としても知られた。江戸時代、芝川河川敷に自生する布袋竹を使った釣りざお製造で、1947（昭和22）年には190軒、近郊も含め、年間100万本を生産したが、グラスファイバーの出現などで衰退。織物業も産業構造の変化で先細りになった。

上青木村の発祥は鎌倉時代。日蓮宗宗信寺にある青銅製の磬《けい》に、「正応四（1291年）」「上青木」の銘文が見られるという。

上青木には銭橋という地名があったという。「お殿様のお鷹狩りの時、あぜ道が崩れて通れなかったので村人が銭を集めて橋をつくったことから銭橋の地名になった」と市制50周年記念誌『川口の歩み』には記されている。

上青木に隣接する前川には三枚橋という地名があり、上青木と下青木、横曽根と並んで通っている用水それぞれに橋が架かっていることから。

◆隠れキリシタン

芝地区にある如意輪観音堂（芝西1丁目）には、隠れキリシタン悲話の歴史の伝承がある。昭和30年代の初め、市の仏像調査で観音堂に安置されていた阿弥陀如来坐像の胎内から小さな木造のマリア像と、銅製の十字架が見つかった。いずれも県指定の文化財で、県立歴史と民俗の博物館に展示されている。

江戸時代、浦和郷1万石の幕府の代官熊沢忠勝の娘・るひいな（洗礼名）のものとされ、彼女の夫・れお（同）・竹子屋権七郎とともにキリスト教を信仰、1623年（元和9）年、江戸で捕まった。れおは火刑となったが、忠勝は如意輪堂に近い長徳寺の住職を通じて娘の助命を懇願、釈放された。れおを弔うためマリア像を阿弥陀如来坐像の中に納めて祈ったという言い伝えだ。（上松寛茂）

メモ **SKIPシティ** NHKの放送番組を保存するアーカイブスのほか、「彩の国ビジュアルプラザ（映像ミュージアム）」「埼玉県産業技術総合センター」「埼玉県生活科学センター（彩の国くらしプラザ）」「川口市立科学館（サイエンスワールド）」など様々なブースがある。

【上尾市①】氷川鍬神社に由来か

上尾は近世に入って旧中山道の宿場町から大きく発展を遂げた。江戸と京都を結ぶ「中山道六十九次」の日本橋から5番目の宿場町・上尾宿。かつての本陣や脇本陣は上尾宿総鎮守・氷川鍬《くわ》神社の向かい側、現在の仲町付近にあった。周辺に旅籠《はたご》が41軒もあったという。その氷川鍬神社が上尾の地名の由来という言い伝えがある。

◆3人の童子

同神社の橋本邦臣前宮司によると、1631（寛永8）年の暮れ、「鍬」の字を紋とする衣と、あかね色の布をかぶった3人の童子（子ども）が櫃《ひつ》（ふたのついた箱）を台車に乗せ、桶川宿の方からお鍬踊りをしながらやってきた。これを見た大勢の人々も一緒に踊りだし、気が付いてみると童子の姿が見えなくなった。残された櫃に稲穂などが入っていた。

これをご神体に、鍬大神宮（氷川鍬神社）を造営し、初穂を神前にささげた。上尾の名の由来は、穂を上げる「上穂《あげほ》」が「上尾」となったと伝えられている。これを描いた小絵馬が社務所で販売されている。

境内には、「上尾町」と刻まれた手洗い鉢があり、「元禄八（1695）年乙亥《きのとい》極月吉日」とある。

また、江戸期に「聚正義塾《しゅうせいぎじゅく》」という学校が開校、上尾の学問水準の高さを誇っていた。

◆「阿牛」

『新編武蔵風土記稿』には別の呼び名も出てくる。1643（寛永20）年に出された幕府の触れ書きに「アキウ」の文字があり、同時代の日記や紀行文にも散見される。

川口市芝・長徳寺の住職で、足利学校（栃木県足利市）の〝校長〟を兼ねていた龍派禅珠の日記『寒松日暦』には、中山道を通って足利を往復する中で、1623（元和9）年9月6日の夕方に鴻巣宿をたった禅珠は、桶川・「阿牛《あぎう》」・大宮と宿継ぎのかごを使って明け方に長徳寺に戻ったとあり、「阿牛」は上尾と推察される。

また、1644（正保元）年、幕府で作成された『武蔵国絵図《むさしのくにえず》』や、同時期の『武蔵田園簿《むさしでんえんぼ》』では「上尾町」と記され、以後公的な記録では「上尾」に統一されていくようだ。

貝原益軒が1685（貞享2）年に著した『東路記《あずまじのき》』では、「アゲヲ」とわざわざルビを付けている。いずれも重田正夫上尾市史編さん調査委員が『上尾歴史散歩』（同市発行）に記している。

◆由来に決め手なし

東町公民館の脇に樹齢500年以上の市指定天然記念物のムクの巨木が見える。かつてここに勢至堂というお堂があり、安置されていた菩薩像の石台に「天明2（1782）年」の年号とともに「上尾片足村」とあった。これにも伝説があり、甲斐の国の大男が富士山をひとまたぎにして片足を下ろした所がこの地だったというお話。1967（昭和42）年、片足は「東町《あずまちょう》」に呼称が変更された。

ムクの木に沿って走る細い道は鎌倉街道で、ほど近い「二ツ宮」の氷川神社に行く途中の芝川には鎌倉橋が架かっている。二ツ宮の地名は男体・女体の2社からなる同神社に由来する（女体社は明治期に氷川鍬神社に合祀《ごうし》）。

上尾市の地名の由来について、市文化財保護審議会でも取り上げたことがあるらしく「これはという説得力のある決め手になるものはなかった」と同審議会委員長で大正大学名誉教授の宇高良哲《うだかよしあき》浄土宗十連寺（今泉）前住職は語る。

（上松寛茂）

メモ

聚正義塾《しゅうせいぎじゅく》　上尾宿の山崎武平治碩茂が、江戸から学僧雲室上人を招き、1788（天明8）年に聚正義塾を開設。近在から塾生を集めた。中国・南宋の朱文公（朱子）と学問の神様といわれる菅原道真の2人の賢人を祭る意味で「二賢堂」と名付けた。雲室は4年ほどで上尾を去るが、碩茂が引き継ぎ、1860（安政7）年の大火の頃まで存続したという。

【上尾市②】人口増加率　全国一に

近世に入って旧中山道の宿場町として栄えた上尾に1883（明治16）年、上野―熊谷間に高崎線が開通した（翌年高崎まで）。上尾駅ができると、さらに発展を遂げた。高度成長期には東京から35キロの通勤圏という地の利もあって住宅団地が次々と造成され、人口が飛躍的に伸び、急激な都市化が進む。

明治初期の上尾は、45の村に分かれていたが、89（明治22）年の町村制の施行で、上尾宿、上尾村、上尾下村、柏座村、谷津村、春日谷津村の6宿村が合併して上尾町が発足した。合併3宿村が上尾の地名だったため、上尾町と名付けられた経緯がある。

1955（昭和30）年には、上尾町と平方町、原市町、大石村、上平村、大谷村が合併、新たな上尾町に衣替え。さらに、約3年半を経て市制を敷き、2018（平成30）年、市制60周年を迎えた。明治初期に人口1万3千人弱だった上尾は、23万人近い大都市に変貌した。

◆「上尾宿」名は残った

上尾の中心地、上尾宿の大半は江戸期から明治期にかけて3回の大火や老朽化で失われ、その面影はない。上宿、中宿、下宿の呼称は上町、仲町、下町となり、その後、仲町は仲町と宮本町に、下町は愛宕町となった（上町はそのまま）。

愛宕神社境内の掲示板には09（明治42）年7月24日の例大祭から「下町を愛宕町に改名する」とある。

上尾宿の地名は消滅したわけではなく、市中心街からだいぶ離れた東部になぜか、ぽつんと残る。理由は不明だ。隣接して「上尾村」もあり、郵便番号にも残っている。

◆集中と〝箱族の街〟

上尾を一躍全国に有名にしたのが「上尾事件」と県立上尾高校の甲子園初出場だった。上尾事件は1973(昭和48)年3月、当時の国鉄の春闘時に上尾駅が乗客に襲撃され、暴動が起きた事件だ。

高度成長に伴う東京都心への極度の人口集中は、地価高騰を生み、逆に首都圏への人口流出というドーナツ化現象が起き、上尾は人口増加率が全国一、〝箱族の街〟と話題になったことも、暴動の背景にある。

田畑や雑木林が広がっていた市郊外には公団住宅が次々と造成され、市西部に西上尾第1、2、富士見、三井住宅(戸建て)の4団地、東部に、しらこばと、根貝戸、平塚、原市、尾山台の計9団地で合わせて1万3千世帯に。西上尾第1、2団地の地番は小敷谷だが、郵便の宛名は、地名は省略、団地名から直接書き始めるといった具合だ。

◆幼稚園の名前が地名に?

上尾駅西口に近い富士見2丁目に日本基督教団上尾合同教会付属の上尾富士見幼稚園がある。ここは以前、「字一本杉」だった。創設時は水田地帯で富士山がよく見えたので園長でもある牧師が上尾富士見幼稚園と設置認可申請したという。すぐ北にある富士見小学校も人口急増に対応、相前後してほぼ同時期に開校・開園。

その後66（昭和41）年7月1日に富士見の地名が誕生している。小学校の所在地は柏座となっている。

71年には、土地区画整理法による換地処分で、県立上尾高校のある「大字沖ノ上」や、中妻、柏座、春日谷津、弁財、谷津の一部は「浅間台」という新地名になった。また土地の名称および町名変更として、「大字西門前」、久保、南、上尾宿、上尾村の一部が「錦町」という新町名に生まれ変わった。

（上松寛茂）

メモ **上尾事件**　1973（昭和48）年3月13日、国鉄高崎線上尾駅で労組の順法闘争時に列車が遅れ、乗れずにあふれ出た約1万人の乗客が怒り出し、駅事務室などが襲撃され、暴動に発展した事件。近くの大宮や桶川、北本などの各駅にまで波及、機動隊も出動、7人の逮捕者が出た。上尾市の人口は22万9265人、10万3355世帯。

【上尾市③】起伏少ない台地の街

東の芝川、西の鴨川の真ん中を南北に縦断する大宮台地の中心部に上尾市はある。この地形から上尾の地名が誕生したという説もある。桶川市に接する井戸木2丁目が標高21・5メートルの同市最高地点で、平均15メートルの比較的起伏が少ない平坦な都市だ。

歴史的には市の中心部よりも周辺地域の方が古文書には多く登場、繁栄した時代もあった。市の事務区別では上尾、平方、原市、大石、上平、大谷の6地区。1955（昭和30）年の合併以前の町村だ。

◆原市は「市」の名残

戦国期末の元亀・天正のころ（1570～92年）のものと推定される『熊野那智大社文書』に、「足立郡あけおの郷原宿」との記述があり、この時代に「あけお」という地名で呼ばれていたことが分かる。

原市はかつて原宿、原村とも呼ばれ、地名の由来は「市」の名残であると『新編武蔵風土記稿』は伝えている。『新記』に記された原宿が原市になったのは元禄の改めのころとみられる。原市の市は「三八の市」と呼ばれ、月に3と8の日の計6回（六斎市）開催されたという。

当時は上尾宿より原市の方がにぎわいを見せた。原市の大通りを歩くと、その面影が残る。市場が開けるスペース確保のため家並みが道路から下がっている。

高崎線の開通などで次第に寂れ、昭和初期にはいつの間にか中止されたという。

明治期から昭和の時代まで3段階にわたる合併の繰り返しで上尾が形成されたが、最初の1874（明治7）年の合併では、原市地区の本瓦葺、上瓦葺、下瓦葺が「瓦葺村」に、上平地区の上平塚、中平塚、下平塚の3村が「平塚村」に。また大石地区の領家村と菅原新田村が合併、「領家村」になった。

◆幻の村・菅原新田

「菅原新田」は、江戸時代の宝暦年間（1751～64）に村として成立、村石高一石余、民家はたった2軒。

現在は消滅している。桶川市に接した藤波付近らしく、現地を探してみたが人家もなく、知る人もいない。その面影さえない幻の村だった。さらに注目されるのは、藤波では、田植えをしない種もみの直播による日本最大級の「摘田」が昭和30年代まで実施されていた。

1889（明治22）年の大合併では、歴史的に著名な町村の名を一部でも残そうと、合併した村の頭文字を取り新しい地名を誕生させた。例えば、小泉・中分・石戸領領家・藤波・畔吉・小敷谷・沖の上・弁財・中妻・井戸木の10村の合併では、このうち4村が旧「大谷領」に、6村が旧「石戸領」に属していたため、その頭文字を残し「大石村」に。

上・久保・西門前・南・須ケ谷・菅谷・平塚の7村の合併では、上村と平塚村が代表的な村だったため、同様に2村の頭文字を取り「上平村《かみひら》」と命名した。

また、地頭方・壱丁目・今泉・向山・大谷本郷・堤崎・中新井・戸崎・西宮下・川の10村の合併で「大谷村」ができた。旧大谷領なのでこの名を取った。

◆舟運で栄えた平方村

このほか、平方・西貝塚・上野・上野本郷・平方領領家の5村の合併では、江戸への舟運として栄えた平方村が中心だったため、「平方村」を名乗った（後に平方町）。現在ある太平中学校の名称は大谷と平方の頭文字を取って名付けた。

原市町と瓦葺村は合併の機が熟せず、「原市町外一村組合」となり、1913（大正2）年に正式に合併して原市町になった。

これら周辺部の町村が昭和30年代に入り、上尾の中心部と合併、新たな上尾町、上尾市への市制施行へとつながる。

（上松寛茂）

メモ　**摘田**　田植えをしない直播による伝統的な稲作栽培。大宮台地に広がる藤波地域などの水田は、わずかな谷の低湿地帯にあり、用排水路の設置が困難な地理的制約から苗代で育てた稲を田に移す埴田が適さず、種もみを直接、田に植える直播が行われた。水田開発や農業技術の進歩で昭和30年代に消滅した。2016年3月に国登録有形民俗文化財に指定。市のホームページで、再現した記録映像を公開している。

【蕨市①】蕨か藁火？　謎のまま

「蕨」という字は、植物としての山菜は「わらび」か「ワラビ」と書くのが普通。読めても正確に書ける人は、蕨市民以外では意外に少ないのではないか。地名の由来は山菜なのか、諸説あるらしい。

◆在原業平が命名

同市発行の『わらび昔話・わらび文庫』などによると、その1。平安時代初期、六歌仙の一人、『伊勢物語』

の主人公とされる在原業平《ありわらのなりひら》が吾妻の国（関東）に下る途中、武蔵国に来て、日が暮れ、雨も降る中、立ち上る煙に人家を見つけ、一夜の宿を願い出ると、祖父と二人暮らしの娘が、「貧しい暮らしでおもてなしはただこの藁《わら》の火よりほかになく、これで暖をとると、体の芯まで温まりますよ」と応え、煮炊きの燃料として大切な稲わらを燃やしてもてなした。

業平は礼を言い、里の名を尋ねると、まだ名はないという。「人の住む里に名がないのはおかしい。わらの火から、これからは藁火の里と呼びなさい」と語ったという言い伝え。この物語は江戸後期の1753（宝暦3）年に出された榎本政雄著『蕨鑑《わらびかがみ》』という文献にある。

◆**義経が命名**

その2。源頼朝が平家を討つため、兵を挙げた時、陸奥の国の平泉（岩手県・平泉町）の奥州・藤原氏に頼っていた弟の義経が頼朝を助けようと、「いざ、鎌倉へ」と向かう途中、遠く富士山や秩父連山が見える地で夕食の支度の煙が立ちなびく風景に感動し、「よい眺めだ。里の名は何と申すのか」と聞くと、「名はいまだにございません。土地が低く、沼地も樹木もなく、それで稲藁で炊きものをしている」と言うと、義経は「これからは『藁火の里』と呼ぶがよい」と言ったという言い伝え。

一説には里長《さとおさ》が「藁火の里と申します」と言うと、「藁火の里とはよくぞ名付けた。優雅な名であるな」と感じ入ったという説もある。

その3。1457（長禄元）年6月、足利将軍家の一族、渋川義鏡は曽祖父の義行が居城した蕨で関東鎮圧に乗り出した。室町幕府から関東下向を命じられた旨の記述が『鎌倉大草紙』にある。義鏡は、里人から里の名、在原業平の藁火の由来を聞くと「城に火の字がつくのは避けよ」と述べ、先祖の所領上毛渋川郷（群馬県渋川市）の「蕨山」の地名と、僧慈鎮（慈円）が東国に下ったときに詠んだ「武蔵野の　草葉にまさる　さわらびを　げにむらさきの　塵かとぞ見る」などから、蕨城と名付けたという説。

山菜のワラビは蕨のような沖積低地には生えないとの疑問もあり、「蕨」か「藁火」、謎のままのようである。

◆生き延びた市名

市役所近くに「蕨城址公園」がある。蕨城は南北朝時代に渋川氏が館を構えたことに始まり、1524（大永4）年、北条氏綱に攻められ落城。公園内には「成人式発祥の地」記念像が立つ。

同公園に隣接して「和楽備《わらび》神社」がある。渋川氏の守り神、八幡大神を祭ったのが始まりで、1911（明治44）年、当時の岡田健次郎町長が著名な国学者と相談、「和楽備《わらくそなわる》」という趣旨で命名した。「地名の由来とは関係ない」と郷土史研究家でもある同神社の権禰宜《ねぎ》、堀江清隆さんは語る。

蕨の地名が一時、消える危機があった。平成の大合併で川口市、蕨市、鳩ケ谷市で合併協議会が設置され、新市名が「武南市」と決定、武蔵国の南方にあるという由来だが、川口市側が民意を無視していると反発、実現寸前でご破算となった。蕨の市名は生き延びた。「よかった」と堀江さん。市内には「武南中学・武南高校」がある。

（上松寛茂）

メモ **「成人式発祥の地」記念像**　1946（昭和21）年11月22日に、敗戦の虚脱状態にあった若者たちを励まそうと、蕨町青年団が中心になり20歳を迎えた青年を対象に「成年式」を挙行。これが2年後に「成人式」として国民の祝日となり、全国に広がった。79年1月15日、蕨城址公園に建立された。蕨市の人口は7万5704人、3万9975世帯。

【蕨市②】全国最小のミニ都市

蕨市は全国最小のミニ都市である。5・11平方キロしかない。人口密度も全国一高い。地形は海抜3～6メートル前後の平坦地で、地質は川口（荒川）低地と呼ばれる湿地帯。かつて大雨が降ると各地で水浸被害が続出したというが、東京都心から20キロ圏、JR京浜東北線で約30分と、立地条件に恵まれ、高度成長期には急速に都市化が進んだ。

◆市内の地名は五つだけ

市内の地名は中央、北町、南町、錦町、塚越の五つしかない。よく調べると、1966（昭和41）年の新住居表示制度が実施される以前は町会などの通称も含め20以上の歴史的な由緒ある町名が浮かび上がってくる。まず、市役所東側、中央4丁目の蕨城址公園の旧町名は御殿。江戸時代、徳川家康の鷹《たか》狩りの休憩地だった御殿が由来だ。

蕨発祥の地ともいえる蕨宿は、江戸から板橋に続く旧中山道2番目の宿場町として1612（慶長17）年ごろ成立。その中心地、市役所の西側旧中山道沿いにある歴史民俗資料館、現在の中央5丁目辺りに本陣2軒、脇本陣1軒、旅人の事務を扱う問屋場や高札場もあった。江戸末期から明治にかけ綿織物（双子織）生産地として全国に名をはせた。国道17号の北と南の双方で交わる北町交番と戸田市に近い旧中山道本町通りの両端には古い家並みと蕨宿の象徴としてのレプリカの木戸が当時の面影を誇示する。

中山道往還を挟み西方を上蕨、東方を下蕨と称した。上蕨の一部は俗字名を法華田《ほっけだ》といい、現在の錦町5丁目辺り一帯。『新編武蔵風土記稿』に日蓮上人がこの地を通り、法華塔を建てた所で法華塔町と呼ぶとある。その後、法華田、春日町を経て新住所表示で現在の錦町と改められた。錦町1～3丁目辺りはかつて前谷《まいや》と呼ばれていた。集落前の低湿地を開発した耕地名で、今もこの付近を「沼」か「池」と呼ぶ俗名が残っている。

◆俗称「じじい、ばばあ」

1889（明治22）年の町村制施行で蕨宿と塚越村が合併、蕨町が誕生する。『武蔵風土記稿』や『郡村誌』における小名（聚落・部落・組）の数は蕨宿が上中下で、JR蕨駅東側の塚越村は仁中歩《にちゅうぶ》、大荒田、丁張《ちょうはり》。

町村内の区割りの名である字地は蕨宿が前谷、松原、赤田、下高野《しもごや》、鍛冶作、新兵衛、助縄、宮田、仁中歩、金山、荒井前、穂保作で、塚越村は小名と同じ。計15になる。これらの小名は時代の変遷とともに、消滅、統廃合をたどるが、塚越地区には仁中歩公園、大荒田交通公園、丁張公園とかつての地名は公園名で現在も残されている。

稲荷越《とうかごし》通りに沿って流れる用水路の北町3丁目付近をかつて「じじい、ばばあ」と俗称で呼んでいた。その昔、ここに住んでいた老夫婦が往来の人を誘って家に連れ込み、金品を奪う悪徳の限りを尽くし、通り掛かった僧を脅した際は、逆に説教され、改心、村人の助け手となる。老夫婦は「じじい、ばばあ」と呼ばれて親しまれ、いつしかこの地の俗名になったそうな。

現在の南町2〜3丁目に1943（昭和18）年、日本住宅営団が880戸の住宅団地を建設。蕨町大字蕨字穂保作と大字塚越字大荒田、それに戸田町大字下戸田字後の地域にまたがっていたため、この地を三和町《みつわちょう》と名付け、三和町住宅と呼ばれた。蕨三和町郵便局は現在の南町郵便局に改名された。

◆今はなき桜橋

蕨駅西口駅前通りを国道17号方向へ500メートルの場所に桜橋があった。見沼用水が下を流れていた。水路の両側に桜の木が植えられ、名称も桜橋に。1893（明治26）年の蕨駅開設後造られ、当時は石橋、老朽化でコンクリートになったが、1971（昭和46）年の道路工事で取り壊され、用水路は道路の下に。桜の木は終戦の頃、切り倒され、今は「桜橋通り」の名称だけが当時の面影をしのばせる。

（上松寛茂）

メモ **はね橋**　蕨宿は周囲を用水堀で囲まれ、各家の裏手にはね橋を設けて出入り、夜になるとはね橋をロープで引き上げ家への出入りができなくなるため、防犯効果があった。北町3丁目の豪商徳丸家宅の裏手に復元されたはね橋が今もある。用水堀は地下水路に。

【戸田市①】「戸田の渡し」で繁栄

◆若者のまち

戸田市は埼玉県南部、荒川を隔てて東京都板橋区・北区に隣接する。都心に近く、市民の平均年齢は41・1歳と、25年連続で県内一若い。

江戸時代には、旧中山道69宿の最初の板橋宿と埼玉県側の蕨宿との間、荒川を越える「戸田の渡し」、舟運のまちとして栄えた。戸田の渡しは天正年間（1573～91年）よりあったとされ、渡船場は荒川を利用した舟運の一大拠点としての機能を持ち、戸田河岸場は1772（安永元）年には幕府公認の河岸となり、大変なにぎわいだったという。明治期の俳人正岡子規は「武蔵野に春かぜ吹けば荒川の戸田の渡に人ぞ群れける」とうたっている。

1875（明治8）年5月には木橋の戸田橋が完成、戸田の渡しは廃止。現在の鉄橋の戸田橋は4代目。笹目橋と並んで戸田の地名の代名詞となっている。戸田橋の下流150メートルほどの道路脇に史跡「中山道戸田渡船場跡」と刻まれた石碑が立っている。

古くは戸田領に属し、現在の戸田市、蕨市、川口市、東京都北区に及ぶ広い地域が同じ行政区域とされていたと、戸田市発行の『戸田の地名』の著者、郷土史家の中村徳吉氏は記す。

◆鎌倉期から

『新編武蔵風土記稿』の上戸田村の項には「江戸ヨリノ行程三里、戸田領十一カ村ノ本郷ナリ」と書かれている。「武蔵七党」（平安・鎌倉・室町期に武蔵国を中心に勢力を伸ばした同族的武士団）の一つ「野与党」の一族に「戸田氏」がいて、戸田兵衛尉茂平という武将の名が『吾妻鏡』に見え、この人物が戸田出身との説がある。『蕨市史』には「野与党の基泰が戸田に住して戸田六郎と称し、この地の開発に当たった」と記されている。鎌倉時代には戸田の地名があったことになる。

『戸田の地名』によれば、江戸時代初期の１６１１（慶長16）年の『慶長見聞録案紙』に徳川家康が戸田で鷹《たか》狩りをしたと記され、その翌年、臨済宗長徳寺（川口市芝）の文書『寒松稿』には「土田」で卒塔婆が造立されたとの記事があり、これは「戸田」のこととされる。

戸田の周辺、東京都内には「亀戸」「今戸」「大戸」があり、茨城県には「水戸」がある。「戸」の付く地名の特徴として海か河川に接していることが挙げられる。

「戸田」の「戸」は、扉とか、門を表す文字で、海浜においては、「水戸＝みなと＝みと」などと使用され、港となり、河川においては、舟が停泊する場所を表わす「舟渡し＝ふなと」などが「戸」の文字に変わったことが考えられるとしている。

◆デルタ地帯

『埼玉県地名誌』によると、戸田は荒川（旧入間川）沿岸の低湿地帯で、松岡静雄著『日本古俗誌』は、『日本書紀』に川口の「鋭田《とだ》」の呼称があることを指摘し、この鋭田は「劣等の田」を意味すると述べ、さらに「デルタ」を意味するとしている。

また、地名学者の鏡味完二氏は、方言から「ドタ」には湿田、湿地の意があるとしている。「トダ」は、湿田、湿地の意と解すべきであろうと解説する。良好な水田ではなかったようだ。（上松寛茂）

メモ

合併の変遷　『新編武蔵風土記稿』には、古くは上戸田村、下戸田村、現在は蕨市の蕨村、塚越村の4カ村を戸田村と言ったが後に分村。1889（明治22）年の市町村制で、上戸田村、下戸田村、新曽《にいそ》村の3村が合併、戸田村を設置。1941（昭和16）年に戸田町。57年に美笹村（笹目村と美谷本村など）を編入、59年、大字「堤外」「松本新田」「曲本《まがもと》」および「内谷」の各一部を浦和市（現さいたま市）に分離。66年市制施行。人口14万7756人、6万6480世帯。

【戸田市②】東京五輪で一躍有名

「戸田」という地名は、1964（昭和39）年の第18回東京五輪ボート競技の会場として一躍有名になった。

戸田ボートコース（漕艇場）で27カ国、３８０人の選手たちが熱戦を繰り広げた。

コースは40（昭和15）年の第12回東京五輪のために、荒川に沿って治水工事を兼ね、日本で唯一の静水域のコースとして整備されたが、日中戦争の激化で大会の開催を返上、中止となる歴史的な因縁があった。

コース脇には東大や一橋、早慶、学習院大などの艇庫・合宿所が並び、公園として整備。地名も「戸田公園」。コース北側に「オリンピック通り」が走る。

◆美麗の官女

90年代には東京外郭環状道路が完成、首都高速5号池袋線が交わる「美女木ジャンクション」が全面運用。ここを通行するたびに車上の人は「美女木《びじょぎ》」の地名の由来に関心を抱くらしい。

美女木について、『新編武蔵風土記稿』は「イトオボツカナキ説ナレド……」と疑問を呈しながらも、「古へ京師ヨリ故アリテ美麗ノ官女数人、当所ニ来リ居リシコトアリ、其頃近村ノモノ当村ヲサシテ美女来トノミ呼シニヨリ、イツトナク村名ノゴトクナリユキテ其古名ヲウシナヒタリト云……」と紹介している。

記録の上では、鎌倉の『鶴岡事書日記』の応永5（１３９８）年9月10日の記事の中に「美女木＝五郎次郎入道」とあるのが初見と、郷土史家の中村徳吉氏は『戸田の地名』で指摘している。

「ビジョ」は、ぬかるみを意味し、低湿地を指していることが由来という説もある。

◆「新瀬」が「新曽」

同市は、美女木をはじめ、「上戸田」「下戸田」「新曽《にいぞ》」「笹目」の行政町名からなる。「新曽」は『風土記稿』では「ニキソ」、1961年12月発刊の『戸田町勢要覧』では「にいぞう」とルビを付けている。荒川流域の新曽は「新瀬」だったものが転訛《てんか》して「にいぞ」となり、「新曽」の文字が当てられたと思われる。『戸田の地名』が記している。

さいたま市と接する美女木地区は「美女木村」「内谷村」「曲本村《まがもと》」「松本新田」が合併、それぞれ1字を組み合わせて「美谷本村《みやもと》」を形成、市立「美谷本小学校」はその名残だ。

美谷本村と笹目村は戦中43（昭和18）年4月、国の指導で翼賛合併。新村名は頭文字を取り「美笹村」と決められた。「曲本」の由来は荒川の湾曲な形状から。

◆惣右衛門公園

「笹目」は、古くは「笹目領」に属し、1335（建武2）年、足利尊氏の出した文書に「武蔵国篠目郷」とある。『武蔵風土記稿』には「伝へ云、当所ハ往古相州佐々目谷ノモノ来タリ開発セリ、因テ佐々目郷ト名付……」と記され、さらに「或ハ云フ当所ハ佐々目僧正ノ領地ナレバカク名付ク」とある。

現在の笹目1、2丁目付近はかつて「惣右衛門新田」。開墾者の名主の名前だ。万治年間（1658～61年）に「惣右衛門村」と改名、1889（明治22）年に「下笹目村」と合併、「笹目村」の大字となった。今も「惣右衛門公園」の名前として残る。

ＪＲ西川口駅に近い下戸田地区の「喜沢」はかつては「鬼澤」だった。町名変更の際、「鬼」の字を避けて佳字を当てた。

戸田公園駅東にある「下前」は、「下戸田」の「前新田」の省略が由来。（上松寛茂）

メモ▶ **荒川第1調整池**　戸田市、さいたま市、和光市、朝霞市にまたがり、秋ケ瀬公園と人造湖「彩湖」（荒川貯水池）を含めた一帯。「荒ぶる川」といわれた荒川の洪水調節や利水補給の役割を担う。四半世紀をかけて2004（平成16）年に全体が完成。野球場、サッカー場、バーベキュー広場、彩湖自然学習センターなどがあり、「彩湖・道満《どうまん》グリーンパーク」として整備され、市民の憩いの広場になっている。

第4部

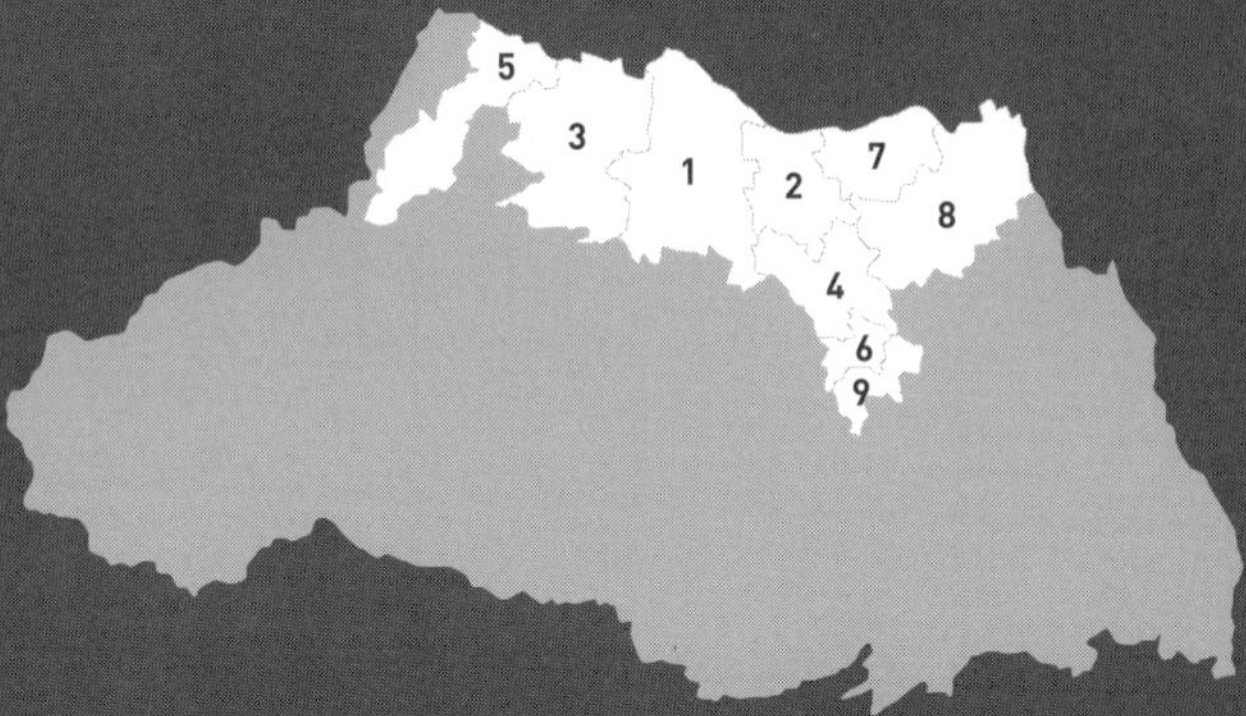

1 熊谷市
2 行田市
3 深谷市
4 鴻巣市
5 本庄市
6 北本市
7 羽生市
8 加須市
9 桶川市

【熊谷市①】荒川と利根川の恵み

熊谷市は、北は赤城山、榛名山、西は秩父山地がそびえ、南の荒川、北の利根川に挟まれた肥沃《ひよく》な台地だ。

その熊谷市に、特筆すべき点が二つある。一つは熊谷駅での駅弁の始まりが、全国でも宇都宮駅と並んで早かったこと。もう一つは2018年7月23日に国内最高気温の41・1度を記録したことだ。東京のヒートアイランド現象の熱風と、山越えの熱風が午後になると熊谷市上空に達して高温が生まれることが原因の一つとされる。

◆「曲谷」が「熊谷」

まず熊谷市の呼び方だが、「くまがや」か「くまがい」かの議論があり、『熊谷文書』や『吾妻鏡』などは「くまがや」が使われていることなどから、「くまがや」で統一されている。

熊谷の由来では、第1は熊谷次郎直実の父直貞（当時は平直貞）が、大熊を退治して地名も姓も熊谷としたという説だ。鎌倉武士、直実はこの地の出身であり、市内にある熊谷寺《ゆうこくじ》には墓所がある。ただ直貞が熊谷を名乗った時は、すでに熊谷の地名はあったとされる。

2は熊谷は神谷《くまけや》がなまったという説だ。市庁舎近くにある高城神社は、『古事記』に出てくる高御産巣日神《たかみむすびのかみ》のことで、神が谷間に祭られていたので神谷。

3はアイヌ語で、「魚棚の乾場」のことを「くまかや」と呼んでいたとされる。さいたま市の今羽《こんば》、川越市の越辺川《おっぺがわ》もアイヌ語説があり、アイヌの人々が広く居住していたことも考えられる。

4は、大昔、この地方は行けども行けども、隈《くま》なき茅《かや》生い茂るところだったので、転化して「くまがや」になったという指摘もある。

5は、地名の多くは地形から起きていることから、同市立江南文化財センター主任の山下祐樹氏は「熊谷は、曲谷《くまがい》で、荒川が大きく曲がっていたことから『くまけや』が『くまがや』に転化したと考えることもできます」と語る。

◆「石の原」が石原

石原は、荒川はかつて現在の石原の近くを流れ、広い石の河原だった。肥塚《こいづか》は、武蔵七党丹党の一つ肥塚氏の出生地。『新編武蔵風土記稿』には「村内に肥塚殿と称す古墳あり……」とあり、肥塚太郎光長の墓とみられてきた。ところが「殿」と称する古墳を肥塚氏が祭ることは不自然なことから、肥塚氏とは関係ないとの見方もある。『埼玉県地名辞典』の韮塚一三郎氏は、「武蔵の国大里郡批塚郷」とあり、1352年の感状に「批塚」と書いて、「ひつか」と読む姓もあることから、「肥塚」は「ひつか」から「こいづか」に転化したとみる。

◆火の雨防ぐ「肥塚」

この「ひつか」は「火塚」のことで、「火の雨塚」でもあるらしい。三ケ尻《みかじり》には「火雨塚」があり、火山の噴火など「火の雨」を避けようと、人々がこの塚に逃げたようだ。秩父市には「氷雨塚」と呼ぶ古墳もある。

（栗原猛）

メモ **熊谷市** 熊谷宿が1889（明治22）年に石原村と合併し熊谷町となり、その後、肥塚、成田、大幡各村と合併、1933（昭和8）年4月に県内2番目の市となった。さらに佐谷田、久下、奈良、行田市の一部と合併、2005年と07年に大里、妻沼、江南の3町が合併、編入した。人口19万5814人、8万7712世帯。

【熊谷市②】幡羅　渡来系の雰囲気

◆湿地が美田に転じ成田

成田《なりた》は低湿地を干拓して、稲ができる立派な田に成ったので成田。上之《かみの》は難解な読みだが、かつては成田村だった。その成田村は成田上村、成田中村、成田下村に分かれた後、上村に合併し上之になる。

一方、『成田村史』によると、当初「御上の村」と呼ばれていたが、「御」を略して「上之村」となったとする。そのほか、村には水や豊作を祈願する古社、雷電神社があることから、「神之村」が「上之村」になったとの見方もある。上川上《かみがわかみ》は往古から付けられた名前が継続して使われている。箱田は箱状に見える田の光景から付いた。青々とした田が広がっていたのだろう。武蔵七党のうち横山党の箱田氏の出生地だ。

◆原から幡羅、大幡へ

熊谷市の柿沼、代《だい》、原島、新島地区はかつて大幡村と呼ばれた。今は公的に使われなくなったが「大幡」の由来は、地名の変遷を知る上で興味深いので、少し詳しく見てみよう。

当初、郡名は「原《はら》」と呼ばれた。713（和銅6）年に郡県名に好字を用いるよう指示が出て、みやびなイメージのある「幡羅《はら》」が選ばれ、「原」に交代する。『古事記』ができた翌年である。

中世になると「幡羅」は「はたら」と呼ばれるようになる。そして現代に入り1889（明治22）年、大里郡の原島、代と幡羅郡下の柿沼、新島の4村が合併。その際、大里の「大」と幡羅の「幡」を合わせた大幡村が誕生する。

◆新羅に通じる？

この大幡村は、1932（昭和7）年、熊谷町と合併。ここで幡羅から大幡へと、古代から引き継がれてきた由緒ある地名は消滅することになった。現在は小中学校や公民館、かつての東武熊谷線の駅名などにその名が残されていた。

この幡羅について、幡は八幡様の幡で渡来系集団の秦氏が信仰し、羅は新羅《しらぎ》の羅に通じるとの見方がある。当時、最新の製鉄や須恵器、干拓技術を持った多くの渡来人が、関東平野を広く開拓していることから、幡羅はどこか渡来系の雰囲気を感じさせる。

◆「だい」は森

代《だい》は珍しい名前だが、台《だい》と同じで、平坦地を指す。一方「だい」はアイヌ語の「だい」で、森の意味があるといわれる。原島《はらじま》は、『熊谷の地名と旧跡』や『埼玉県地名誌』などによると、原は開墾地で、島は村落の意味とする。一方「はらじま」も、アイヌ語の「はらしぬま」で、広い石原の意味と見る。

新島《にいじま》は江戸時代に新島右近が開拓したので、開拓者の名前が付けられたようだ。佐谷田《さやだ》は『埼玉県地名誌』は、低湿地の呼び名だとする。戸出《とで》はアイヌ語の「とえぬぷた」で、川が蛇行する意味があるとされる。柿沼《かきぬま》は沼に関係した地名だが、柿には特に関係がないとされる。（栗原猛）

メモ　**幡羅高等小学校**　1887（明治20）年、旧妻沼町弥藤吾地区に設立され、家庭、学校、地域社会が連携した教育を進めた。市文化財センターの山下祐樹氏は『「教える学問と芸術は道徳に集約される』とした教育精神を生かそうと市の教育委員会で研究をしています」と語る。地図から消えた「幡羅」が教育でよみがえるか興味深い。

【熊谷市③】武士の名字の由来に

◆武士団の活躍舞台

北埼玉地方は平安時代末から、武蔵七党が活躍した舞台だ。熊谷次郎直実をはじめ多くの武士団は、名字を根拠を置いた地名から付けている。

玉井《たまい》は、一の谷の合戦で活躍する玉井四郎の出身地。武蔵七党の横山党に属した。『埼玉県地名誌』は、近くにある玉井寺に干ばつがあっても枯れない井戸があり、水面に宝珠の形が現れるので、この名がついたと記す。荒川の清冽《せいれつ》な伏流水ではないかとされる。

広瀬《ひろせ》は川の流れが浅くて速いところ、小島《こじま》は、川の搬土作用でできた小さな島のことだ。いずれも荒川の恵みに関わりがある。武体《ぶたい》は難しい読み方だが、『埼玉県地名誌』によると、「ぶたい又はむたい」は、方言の「むた」から出た地名で、低湿地を指すとする。

◆「郡家」が「久下」

久下《くげ》は久下三郎直光の館があった地だ。直光は熊谷直実の叔父で、直実の領地と境界争いをして、源頼朝の裁可を仰いでいる。

久下の由来にもいくつかあり①701年に全国に国司、郡司、里長が置かれた。郡司の役所のあるところは郡家と書き、「くげ」とか「ぐうけ」と呼ばれたことから、「久下」になったとする説。②『埼玉県地名誌』では、この地域は荒川が氾濫して、堤などが崩壊する意味の古語「くけ」が生まれたとする。③アイヌ語説で、「くけい」とは川魚を取るところの意味とする。久下は荒川の近くにあり、荒川とアイヌ人の関わりがあったのかもしれない。久下は飯能、川越、加須市、郡家は香川県丸亀市にもある。鳥取県八頭郡郡家町（現八頭町）では「こおげちょう」と読む。

◆中条は古代条里制

熊谷市の北東部に位置する上中条《かみちゅうじょう》は、中条家長の出身地で、源頼朝に仕えた法制家として知られる。『熊谷市史』によると、中条は古代の条里制に由来するという。条里制とは大化の改新（６４５年）の土地区画整理制度で横を条、縦を里と呼ぶ。この条が地名となり、条にちなんで中条と付けられたが、中条は果たしてどこを指すのかは不明とされている。

村岡《むらおか》は、小さな岡がたくさんあることから「群れ岡」が村岡になったとされる。関東八平氏の源になった村岡五郎平良文が、相州鎌倉郡村岡郷からこの地に移り住んだ。

◆別府氏の出生地

市の北西部に位置する別府は、かつては別符とも書かれ、武蔵七党の横山党の別府氏の出生地。『埼玉県史』によると武蔵国は、当時21の郡を抱える陸奥に次ぐ大きな国だった。この広大な地域を統治するために、国府の外に支庁の別府が置かれ、別府の地名はここから起こったとする説がある。

一方『埼玉県地名誌』は、別府は別符の転訛で、別符は大宝律令にある別勅によって、定められた土地だと、別の見方を示す。もう一つは、アイヌ語の川口の村の意味である「ベップト」に由来を求める見方もある。

（栗原猛）

メモ **武士団**　平安時代末から鎌倉、室町時代にかけて、武蔵の国を中心に武蔵七党《むさししちとう》をはじめ、多くの武士団が起こった。熊谷郷を本拠にした熊谷次郎直実や妻沼の歓喜院聖天堂を開いた斎藤別当実盛のほか、中条家長、久下三郎直光らが北埼玉を本拠に活躍した。

【熊谷市④】土地や人の営み反映

◆16軒が拾六間

三ケ尻も珍しい名前だが、『新編武蔵風土記稿』には大字内にある狭山(観音山)が、甕《みか》(主に酒造に用いたかめ)の尻を見るようなので「みかのしり」が、三ケ尻になったとする。拾六間《じゅうろっけん》も珍しい。十六軒の当て字で、農家が16軒ある村のこととされる。

今井《いまい》は、『地名語源辞典』によると、「今」は「新」と同じで「新井」の意味になり、新しい集落を指す。大塚《つか》は、近くにある熊野神社の円墳が大きな塚なので大塚。大麻生《おおあそう》は、1889(明治22)年に大麻生、広瀬、小島、武体、川原明戸《かわらあけと》の5村が合併して誕生した。正しくは「おおあそ」で、水の浅いところを指し、植物の麻とは直接、関係がないらしい。

◆「万吉」は「まげち」

四方寺《しほうじ》は、寺名を思わせる名前だがそうではない。「sio《シオ》=撓《たわ》んだ土地」のことらしい。長野県の塩沢、四方寺《しおじ》、塩尻、四方田などと同じで、曲がった土地とする。

万吉《まげち》も難しい読み方で、読める人は少ないのではないか。『埼玉県地名誌』は、①まき（牧）の当て字 ②条里制に基づく「牧津里」の遺名 ③「まげち」は「まけち」の転訛《てんか》で、「ま」は接頭語で「けち」は、立ち入りを禁止する地域など複数の由来を示している。

◆星宮は北斗七星

楊井《やぎい》は、1873（明治6）年に和田村と原新田が合併した際、『和名抄』にあるこの地方の郷名、「楊井郷」からつけた。太井《おおい》は、大堰《おおぜき》のことで、荒川の水を分ける用水の堰のことだ。「太井」は江戸時代元禄のころは「大井」と書かれ、時代をさらにさかのぼると「太井」になる。

星宮《ほしみや》は、村を流れる星川、小宮両用水の名から一字ずつ選ばれたという。この見方に対して、1889（明治22）年に7カ村が合併した際、北斗妙見信仰から7カ村を北斗七星に見立てて、星宮にしたとの言い伝えもある。北関東の広大な平原から毎晩、満天の星空が眺められたのだろう。秩父神社は北斗七星信仰で知られる。

◆各地にある「奈良」

奈良は『熊谷の地名と旧跡』によると、「ナラす（平らにする）から出た」とする。一方『新編武蔵風土記稿』は、奈良別命《ならわけのみこと》を祭る古社、奈良神社が地名の由来とみる。神社に祭られている神は、その地域を最初の開拓した人物を顕彰するものが多い。「なら」は朝鮮語で「国」の意味とされ、さいたま市にも奈良町、吉野町など、奈良にちなんだ地名が集中している地域がある。往古から武蔵の奈良と古都、奈良とヒトとモノの往来があったと考えると、古代史への関心が膨らむ。

江南文化財センター主任の山下祐樹氏は「利根川と荒川は広大な肥沃《ひよく》の土地をもたらしてくれただけではなく、どう開拓してきたのか、また人々の営みとか生活環境など、地名は貴重なことを教えてくれるので、地名は大事にしてほしいですね」と語る。

（栗原猛）

メモ
産業都市　熊谷市の農産物産出額は県内5位、製造品出荷は同4位、年間商品販売額は同第5位（いずれも2016年）で、県北きっての産業都市だ。また農業、工業、商業がバランスよく発展していることも特徴。肥沃な土壌と広域交通の要として、立地の優位性を生かした活力のある都市づくりを目指している。

【熊谷市⑤　旧大里町】開けた里　条里制映す

◆水害
熊谷市となった大里郡の旧3町（大里、江南、妻沼）は、接している荒川や利根川が地名に反映している。江南文化財センターの山下祐樹氏は「大里の地名は荒川の洪水や荒川の恵みによって付けられた名前が多い。それが大里の特徴」と指摘している。

大里は「一般的に大きな、開けた里ということで付けられた」。奈良時代には荒川周辺を呼ぶ地名として使われ（『武蔵国大里郡坪付』）、「条里制」の名残だ。

相上《あいあげ》は、川の氾濫などで土砂が堆積する沖積運動により天井川のような高い地形が、相上となった。発掘すると、自然堤防にある遺跡は相当深いところに確認されている。そこに神社などを造り、安寧を祈った。吉見神社があり、相上神楽が奉納されている。

「船木台」は、船の往来があった「船来《ふなき》」の地から。また木造船の原産地ともいわれる。大里には備え舟を持った家が多く、洪水のとき避難するのに使われた。江戸時代初期の荒川の瀬替え以来、水害に見舞われるようになったためだ。

「屈戸《くっと》」は、洪水によってできた。山下氏は「屈戸の『屈』は曲がる、かがむということから、洪水によって地形が変化する意で、荒川対岸の久下《くげ》という地名との関わりも推測される」と解説する。

◆**豊作**

「吉所敷《きしょしき》」は内陸にあり、吉所＝良い場所、敷は敷くということで、土を均す場所。年貢のために、良い穀物が採れる土地整備がなされたということが由来で、周辺の川の恵みを表す地名といえる。

内陸の方にある「冑山《かぶとやま》」は、かぶとを置いたような円墳、古墳時代中期の冑山古墳が由来。地元には、戦国時代に甲冑《かっちゅう》類を埋めて造った塚という伝説がある。

冑山の北側に「箕輪」という地名が残されている。そこに中世から農耕や酒造を行う豪農、根岸家が出た。

周りに、農作物を保管、管理する人が住むようになり、流通の起点となった。箕輪というのは中心（根岸家）を囲むように位置することから「三輪」から派生した。

「恩田《おんでん》」は、伊勢神宮の神領を意味する「恩田御厨《みくりや》」があった場所で、農作物は「恩」として神宮に奉納された場所とされる。「玉作」は弥生時代から勾玉《まがたま》を作った場所。

◆クルス

「高本」は（高木村に）1本入れることによって、高本になったといわれる。山下氏は「高木の本郷を略して高本となった説のほか、潜伏キリシタンとの関わりから、横棒を1本入れることにより、クルス（十字架）と見立てた伝説がある」と紹介した。

（福井広信）

メモ

根岸家長屋門　江戸時代の寛政年間（1789〜1800）、旧大里町冑山に建造された。屋敷の門と居住空間を併せた構造が特徴。剣術道場「振武所」などに使われた。幕末の志士・根岸友山《ゆうざん》と維新後に政治や文化に貢献した息子の武香《たけか》の生家。現在、「友山・武香ミュージアム」が開設されている。長屋門前には故金子兜太さんの句碑「草莽の臣　友山に　春筑波嶺」が建っている。

【熊谷市⑥　旧江南町】風光明媚な土地想起

江南は文字のごとく荒川の南。江南文化財センターの山下祐樹氏は「中国に江南地方という言葉があり、長江の南側の風光明媚《めいび》な場所とされ、川の南というだけではなく、江南という古き良き意味合いが感じられる」と語る。

江南は比企丘陵の北端にあり、荒川の影響を受ける平地と丘の上、二つのエリアに分かれる。

◆**洪水**

「押切」は荒川の近く。弥生時代以降、洪水が多かった。土手が川に押し切られて破れ、洪水になった場所。それとともに、川によって押し切られ、荒れた土地を、人間がまた開拓するという歴史があり、地名となった。

「樋春《ひはる》」は樋口村と春野原《しゅんのはら》村が合併した。樋口の「樋」は「とい」。荒川からの水路（樋）の取水口。この場所には江戸時代の名主の平山家があり、「平山家住宅」は重要文化財。入母屋造で、重厚なかやぶき屋根が特徴。

「三本《みつもと》」は「水の元」から、川の流れが合流したポイント説。三つの大きな新田開発した田を束ねていたという説もある。

「御正新田《みしょうしんでん》」は荘田開発をした所。御正の「正」は荘園の「荘」。

◆**開拓**

「千代《せんだい》」の「代」は、盛り土にする、でこぼこしている所を水平な場所にする。「台」が「代」に変わった。「板井」の「板」は平らにする、土地をなだらかにする。水を汲み上げて田畑や集落を開拓した、それが板井。『江南町史』には「一夜土手」と呼ばれ、田んぼの水争いでできた堤の言い伝えを紹介している。「小江川《おえがわ》」は、丘の上にある。小さい川が脈のように流れていく場所。単なる小川ではなくて、人間が開拓して掘って作った川が小江川。「江」は川だけではなく、管理するという意味もある。また麻を植えることの「麻植」を「おえ」と呼ぶことから名付けられたともいわれる。

◆**しわ**

「塩」は、塩の流通があったということではなく、「しわ」(谷津の入り組む地形)から来たのではないか。「しわを寄せる」と言うように、この辺りは丘陵の奥で、農耕できない場所。そうした谷間のしわを寄せて、平地にするということから、「しわ」が「しお」になったといわれる。塩古墳群や塩西遺跡もあり、住居跡が多く残されている。

「須賀広《すがひろ》」の「すが」は「菅」。あしが広がっていた。「すげ」が「すが」に変わって須賀広。この辺りには八幡神社があり、記録簿に「須賀」が使われている。

「野原」は平野の平坦地から名付けられた。野原古墳群があり、有名な「踊る埴輪《はにわ》」が出土した。(福井広信)

メモ **塩古墳群** 北武蔵地方の代表的な古墳時代前期（4世紀中ごろ〜後半）の古墳群で、県指定文化財。県道11号線から約200メートル入った比企丘陵の山林内にあり、36基。前方後方墳2基のほか方墳26基、円墳8基。主墳の2基は前方後方墳で、全長30メートルと35メートル。

【熊谷市⑦　旧妻沼町】聖天山支えた門前町

妻沼は妻沼聖天山の門前町、利根川の渡船場・舟運で栄えた。日本最初の女性医師荻野吟子の生誕地でもある。『聖天宮縁起』によれば、男沼と女沼、二つの沼があったことから来ている。元々は女沼。そこから目沼、妻沼という地名となった。

「男沼《おぬま》」は「お泥沼」から男沼に転じた。現在の妻沼の中心に女沼があり、男沼は北西部に位置。今は沼はないが、地形の跡は残されている。

◆流通の拠点

「葛和田《くずわだ》」は利根川の縁にある。河岸があり、「葛」は葛の花が咲く地として、鎌倉時代からの名称と伝わる。また「葛」の語呂として、穀物を加工した後に出た米麦や大豆の皮（もみ殻などのくず）が除かれた場所とも伝わり、商品となり江戸へと運ばれた。

「善ケ島《ぜんがしま》」は川の近く。洪水の時に離れ小島になった。洪水が起きるとこんもりした所（良い所）が島のように見える。これに対応し作られた堤は人々を守る「善き」こととして善ケ島堤と呼ばれた。宗教の禅、善ということがあったのかもしれない。

「俵瀬《たわらせ》」で荻野吟子は生まれた。かつては利根川洪水の影響で島となる地域があり「俵島」と呼ばれた。また江戸時代の河岸近くにあり、俵をここで乗せ、河岸から船に運んで行くという流通基点であり、地名との関連も考えられる。

「秦《はた》」は明治の合併の際に葛和田、日向、俵瀬、大野、弁財の各村を合併し、秦村となった。奈良時代以降に渡来系の秦氏が住んだ伝承があり、現在は小学校名で残っている。

◆荘園の開発

「間々田《ままだ》」は、利根川沿いにあり、地形変化の多い場所を意味する「まま」のほか、洪水被害を受けると、全部の田畑を復活させるのは難しく、所々に間を空けて田畑が造られたとも伝わる。

「上江袋」の「袋」は沼地。利根川右岸の氾濫原で、川があって袋＝水を蓄える場所。

「道ケ谷戸《どうがやと》」の「谷戸」は湿地を意味するほか、「戸」は川の水路を管理する水門があり、農地道の開拓により地域を拡大させたともいわれる。

「市ノ坪」は条里制の始まった第一の坪地からきている。また名主が市を開いていた場所とも伝わる。「坪」はエリアという意味で商取引、流通をしていた地域。また、検地の振出（始点）となった場所とされる。

「長井」は、長く点在する井戸を語源とするほか、1057（天喜5）年、源頼義が東北征伐の際に、この地に長くとどまったことからともいわれる。妻沼聖天山を開基した斎藤別当実盛が荘園開発などを行い、長井庄が形作られた。『埼玉県地名誌』は「井」は川で、長井は長い川＝利根川としている。「弥藤吾《やとうご》」は実盛と関係のある場所。近世まで弥藤五と表記されていた。実盛の息子・五《ご》が「弥藤五」を名乗り、地名となった。「五」が「吾」と転じた。（福井広信）

メモ

歓喜院聖天堂　斎藤別当実盛が1179年、聖天宮を建立し、総鎮守としたのが始まり。現在の聖天堂は江戸中期（1735～60年）に建立。奥殿・中殿・拝殿からなる権現造。極彩色、緻密な彫刻は近世装飾建築の頂点とされる。日光東照宮の修復を担った名工たちが手掛けた。2012年、国宝に指定。

【行田市①】埼玉県の名　発祥の地

行田市は県北部、都心から60キロ圏。利根川と荒川の推積作用でできた平坦な地域で「忍米」が知られるが、畑が多いのが特徴だ。南に延びている大宮台地に人が住み、開拓された。同市埼玉《さきたま》は埼玉県の地名の発祥地であること、和装文化の足元を支える「足袋蔵のまち行田」、象嵌《ぞうがん》銘文を刻んだ鉄剣が出土した稲荷山古墳など歴史遺産が豊富だ。

◆忍《おし》はアイヌ語？

行田市の前身、忍町《おしまち》は１８８９（明治22）年、行田町、成田町、佐間村が合併して発足した。「忍」は、往古からこの地方の呼び名で、幾つか由来説がある。

①は川の縁などを「うし」と呼び、転じて「おし」になり、漢字の忍が当てられた。②は比較言語学者、中島利一郎氏の説で、「おし」または「おす」は方言で磯の意味があり、大昔、この辺は水辺であったとする。③は一面に広がる葦原《あしはら》が「おし」に転じたという説。もう一つは、「おし」は、アイヌ語の磯の意味の「うし」が転訛《てんか》したとの説だ。さいたま市、川越市などの川沿いなどにもアイヌ語由来の地名が少なくない。

◆「市名」は足袋に軍配

行田はその昔は「なりた」と読み、「成田」と書いたという。その「なりた」が、「成田」と「行田」の二つに分かれたのは、忍城が築かれて武家屋敷町を「成田」、町人町を「行田」に書き分けるようになったとされる。また１９４９（昭和24）年の市制施行の際、「忍」ではなく「行田」が選ばれた。韮塚一三郎氏の『埼玉県地名辞典』は、「忍」よりも「行田の足袋」で、行田の方が全国に知られていたからとする。

◆忍三郎ら地名を名乗る

さきたま古墳公園の西側にある佐間《さま》。「さ」は接頭語で「ま」は沼の意味だ。低湿地を開拓して田を開いたので佐間。斎条《さいじょう》は、条里制による地名で西条の転訛とみられる。ただ条里制のどこに当たるかは不明だ。鎌倉時代の歴史書、『吾妻鏡』には、地名を名乗った武蔵武士として忍三郎、五郎、行田兵衛尉、河原次郎氏らが登場する。

市郷土博物館の鈴木紀三雄・副館長は「地名は地域の人々の生活そのものを表しています。ここはこういういわれがあるのだと伝えていくことは、今住んでいる所を理解する上でも大事ですね」と語る。

（栗原猛）

メモ **行田の足袋** 江戸時代の文献に、「忍のさし足袋名産なり」とあるほど古くから知られ、昭和の初めは全国足袋生産の8割を占めた。その後衰退したが、足袋製造業者の奮闘を描いたテレビドラマ『陸王』、忍城主「成田長親」の映画『のぼうの城』が、足袋と城の町・行田の知名度を広げた。足袋蔵も約80棟が現存（市教委）。

【行田市②】8世紀には埼玉の名

◆謎の巨大な古墳

行田は埼玉《さきたま》古墳群のある地域で、県名・埼玉《さいたま》の発祥の地だ。『埼玉県史』は明治時代の廃藩置県の頃、埼玉郡の埼玉は、現在の行田と羽生市一帯を指す広さで、埼玉が県名に採用されたという。

埼玉古墳群は、9基の大古墳（円墳1、前方後円墳8）と多くの小古墳群から成る。円墳の丸墓山は直径105メートル。昨年末に奈良市の富雄丸山古墳の直径が110メートルと判明するまで、日本最大の円墳だった。なぜこの地域に巨大な古墳が造られたのか、円墳と前方後円墳が混在することも不思議だ。円墳は朝鮮半島に多く半島との交流をうかがわせる。

◆持つ人に幸を招く

埼玉の名が出てくる一番古い文献は、726年の戸籍帖の「武蔵国前玉」とされる。「埼玉郡」の読み方については、郷土史家、大沢俊吉氏が著書の『行田・忍城と町まちの歴史』で、「埼玉郡、前玉郡、佐吉多満、前玉之小埼、埼西郡」「佐伊太末」などと書かれたと紹介する。

埼玉の由来をみると①は『和名抄』にある「幸魂《さきたま》」から起こったとする説だ。「幸魂」は「和魂《にぎみたま》」の一種で、幸を招く働きがあるとされる。②は「さきたま」を、チベット語の「すごくいい所」に求める説。③は児玉、玉川、飯玉、阪玉、西玉などの地名と同じように、前玉も「玉」(湿地)の前方の地を指すとする指摘もある。

◆「須加」と「須賀」

行田市の須加《すか》は、「須」は州や川に望んだ砂地のことで、かつては「洲処《すどろ》」と書いた。利根川流域にある「須加」は「すか」と濁らないのが特徴。一方、同じ意味の「須賀」をみると、新潟市西区は須賀「すが」と濁り、三重県松阪市嬉野須賀町は「すか」と濁らない。

北河原《きたがわら》は、石の河原のことだ。谷郷《やごう》は、忍城の北谷口門の谷之郷が由来。谷あいの湿地という。白川戸《しらかわど》の「川戸」は、川に沿って板を敷いた洗い場。持田《もちだ》は、「糯田」とも書く。糯田は黒糯を植える田で、厳しい条件の田に植えるコメという。

（栗原猛）

メモ **埼玉古墳群**《さきたまこふんぐん》　稲荷山古墳をはじめ数多くの古墳群、さきたま史跡の博物館、埼玉県名発祥之碑、古社、前玉《さきたま》神社《じんじゃ》、忍城など史跡が豊富だ。古代蓮の里、田んぼアート、市内に点在する足袋蔵などを総合的に組み合わせた地域活性化、観光資源の開発に取り組む。行田市の人口は8万3４1人、3万5292世帯。

【行田市③】利根川の支流を開拓

市内東北部に位置する荒木《あらき》は、新墾田《あらきだ》のことで、新田を指す。このように、この辺は利根川の支流が流れ肥《ひ》沃《よく》だったことから、早くから開拓されたようだ。利根川由来の地名が多い。

◆珍しい真名板

小見《おみ》は「牟邪志国造《むさしのくにのみやつこ》」の「笠原直使主《かさはらのあたいおみ》」の「おみ」が、小見になったとする。

真名板《まないた》は珍しい地名だが、小石や砂利などを意味する「マナゴ」が転じた。近くの花蔵院の薬師堂には、建治元（1275）年と記された板碑があり、真名板薬師と呼ばれる片手薬師があった。今はないが山門と大きなイチョウの木が黄色く色づいていた。この一帯には八幡山古墳、地蔵塚古墳などが広がる。

中里《なかざと》、皿尾《さらお》、上池守《かみいけもり》、下池守《しもいけもり》、小敷田《こしきだ》地区は1955（昭和30）年に行田市に編入された。この地域の水田から、多くの住居跡が見つかっている。近くの中条（熊谷市）、斉条はともに条里制に関わる地名だ。良質のコメが取れ、幕府に「忍米」として献上した。皿尾の地名は陶器を製造した平坦な土地のことで良質の土が出たのだろう。

◆朝鮮に酷似した埴輪

酒巻《さかまき》は、利根川が北から東に折れる隅にあり、水が逆巻いているので酒巻。ここも古墳が多く、鞍（後輪、しずわ）に蛇行状鉄器を付けて旗を立てた珍しい馬の埴輪《はにわ》が出土。韓国の博物館にも酷似したものが展示されており、往古から半島と交流をうかがわせる。この辺の田の中に古墳が多いのは、長い間に地面が沈んだかららしい。

利田《かがた》は難解な地名だ。読める人は相当な地名通だろう。「かが」とは水田などの水利の不便な平坦地を指すという。

◆藤間はアイヌ語

藤間《とうま》は、柳田国男によると、「とまん」の「ん」を省いたもので、「とまん」はアイヌ語の沼地とする。「関《せき》根《ね》」は、いくつもの用水の麓にあったので、この地名がついたという。門井《かどい》の「かど」は、共同の水くみ場のことで、集落があった。

堤根《つつみね》は『新編武蔵風土記稿』によると、1590（天正18）年、石田三成が忍城を水攻めにした際、堤防を作りその後、堤防の下に村ができたので堤根。杉戸町にも堤根の地名がある。

（栗原猛）

メモ **産業と観光** 農作物の作付面積は水稲が県内3位、ビール用大麦が1位。農業産出額は34億9千万円（2015年）、商品販売額は1772億6300万円（16年）、製造品出荷額は2639億970万円（16年）。08年から始めた、水田に色の異なる稲で巨大な絵や文字を描く「田んぼアート」は、ギネス世界記録にも登録され、観光スポットだ。

【行田市④ 旧南河原村】利根川、条里制 ルーツ

旧南河原村の地名には、利根川と条里制が色濃く反映されている。また農閑期の事業として始まったスリッパの生産が最盛時には全国の7割を占めた村だ。南河原商工会の山本栄治会長らに聞いた。

◆河原兄弟の活躍

1889（明治22）年、南河原と中江袋、犬塚、馬見塚《まみづか》の4村が合併して成立。2006（平成18）年の行田市との合併後は、旧村名は大字として継承している。

1598（慶長3）年の古文書に「南河原」の記載がある。「河原」は文字通り利根川の河原。『武蔵国郡村誌』には「時々水害を免れず」とある。地盤沈下も激しく、「南河原条里遺跡」（東西2・5キロ、南北1キロ）は、水田の下に眠っていた。この遺跡は1108（天仁元）年の浅間噴火以前、9世紀中ごろには完成したとみられる。

この水田を基盤として武蔵武士の河原氏が成長、河原兄弟が1184（寿永3）年、源平合戦で戦死したことが『平家物語』に描かれている。兄弟の供養碑ともいわれる石版碑2枚（国指定史跡）が、南河原地区の観福寺に安置されている。行田市郷土博物館副館長の鈴木紀三雄さんは「元々、河原という地名があって、そこにいた武士なので河原氏を名乗ったのでしょう」と語る。

また「とやま古墳」が犬塚村にある。全長69メートルの前方後円墳で、埼玉古墳群を造成した勢力が6世紀に築造されたとみられる。

◆簀子堀、菱田？

『郡村誌』によると、大字となっている南河原には次の小字があるという。「屋敷、中新田、向新田、二の町、北二の町、簀子《すのこ》堀、諏訪宮《すわのみや》、曲目《まがりめ》、町、新屋敷、新井、蒲原《かばはら》、西田、在家、前、宮下、海老新井、三つ井田」。中江袋には「屋敷、上畠《かみはた》、壱丁四反田《いっちょうしたんだ》、道正塚、士発田《しほった》、東」のほか「青木落悪水堀」。『新編武蔵風土記稿』によると「条里制に由来する掃除町、瓦町などの町名」が残っているとある。

馬見塚には「宅地通、小洗《こあらい》、一本木、吉際《よしぎわ》、上菱田《かみしぼた》、中菱田、西根際《にしねぎわ》、高田」と「流堂落悪水溝、一本木悪

水落堀」など。『風土記稿』は「条里制に由来する町地名が残っていた。御堂塚付近に馬市が（開かれ）塚の上から馬の良否を見分けたという伝説がある」と書いている。『埼玉県地名誌』は「マミにはタヌキなどの意があり、塚が荒れてタヌキの巣となっていた」から、と解釈している。

犬塚は犬神を祭った塚。「清水、米九斗《こめくと》、小新井《こあらい》、西新井、台、仲間、梅木、広田、原西、関上《せきのうえ》、関下、行人塚《ぎょうにん》、谷田、東、北、南、柳原、反町」などの小字。『風土記稿』は「五段町、中間町、古川町」などの小字も記している。

◆知られざる小字

商工会副会長の坂根茂夫さんは「『新屋敷行ってくるよ』などと使うけれど、小字の由来は分からない」と語る。小字はほとんど使われない。新屋敷の地中から忍城の天守閣の鬼瓦が見つかったという。新屋敷は豪族の屋敷だった可能性もある。こうした由来については「おじいさんより古い人じゃないと分からないのでは」と語る。

中新田や三つ井田、壱丁四反田、士発田、上萎田など「田」がついた小字は条里制に関連がありそうだ。郷土博物館の鈴木さんは「地名の由来は、確固たるものがなく、断定するのは難しい。『壱丁』は古い区画のこと、『田』のつく小字は条里制との関連を推測できる」と話した。

（福井広信）

メモ **スリッパ製造**　大蔵官僚だった和泉磯義が生みの親。農閑期の副業として1954（昭和29）年に始まった。最盛時の昭和50年代にはスリッパ業者が四十数軒。村のほとんどが生産に関わっていた。全国の70％を占めるほど繁栄したが、技術や機械を移転された中国の生産に押されて衰退、現在では地元業者は1社のみとなっている。現在は商工会とデザイナーらが病院などでも使用できる高機能の新しいスリッパの開発を試みている。

【深谷市①】肥沃な大地、開拓早く

◆「深谷」は室町時代に登場

深谷が歴史に登場するのは、室町時代の１３９０（康応２）年、深谷上杉氏の祖、上杉憲英《のりふさ》が、庁鼻和城《こばなわ》（現在の「国済寺《こくさいじ》」）内に、国済禅寺を創建。奉納した鐘に「幡羅郡深谷庄常興山国済禅寺」とあり、これが初見とされる。江戸時代には中山道の宿場町として栄えた。

深谷の由来にはいくつかの説がある。一つは上野台《うわのだい》などの台地下の荒川や利根川の低湿地なので深谷。二つは低湿地に茂っていた萱《かや》が折り重なるように広がっていたので「伏萱《ふせがや》」が深谷に転化したという説だが、どちらかに絞るのは難しそうだ。

ただ「深谷」は、宮城県白石市福岡深谷、茨城県かすみがうら市深谷などにもあり、いずれも似た地形といわれる。

◆難解な庁鼻

国済寺は、禅宗寺院の国済禅寺から起こった。「安国済民」の意味が込められている。境内に「庁鼻《こばな》祖郷」という地名があり、憲英の子は上杉庁鼻左馬助と名乗った。庁鼻とは難解な読みだが、小塙《こばな》に通じ、平地に突き出た土地を意味するようだ。

「萱場《かやば》」は、茅場とも書かれ茅の産する所で、全国的に分布する地名だ。ただ「かや」でも「伽耶」「可也」などは、その昔、朝鮮半島の南端にあり製鉄や須恵器などの先進地、「伽耶」と関わりがあるとの見方がある。

田所《たどころ》は、田を管理する有力者とされ、茨城、神奈川、高知県などにも田所がある。「田谷《たや》」は、『武蔵国郡村誌』によると、今川義元の武将がこの地を開き、低湿地だったので田谷と名付けたという。

◆明戸は「悪土」だった

「明戸《あけと》」は、『新編武蔵風土記稿』は、水の便などが悪くて田畑に適さないので「悪土《あくと》」と呼ばれたとする。柳田国男も「此等の地は水害頻繁で、且つ概ね卑湿であって、民居耕作に適しなかった故に最初冠するに悪の字をもってしたのであろう」と記す。干拓して良田に変わったので、明戸に改められたようだ。関連した地名で、川原明戸（熊谷市）、悪土（加須市）、悪戸（比企郡）などがある。

市東部の深谷、熊谷両市に広がる「幡羅官衙《はらかんが》遺跡群」は、この地域の行政の中心地だった。2017（平成29）年に国史跡に指定された。関東平野は広く渡来人が開拓したとされ、上秦郷、下秦郷、幡羅は新羅に、百済木《くだらき》遺跡は「百済」に通じるとの見方もある。

（栗原猛）

メモ **深谷** 県北西部に位置し、都心から約80キロ圏。利根川、荒川に挟まれ比較的に平坦で肥沃《ひよく》な地だ。旧石器時代からの白草遺跡、木の本、白山古墳群など歴史遺産が多い。平安時代後半から、畠山重忠をはじめ、榛澤六郎成清、新開荒次郎実重らがこの地を中心に活躍、武蔵武士団として知られた。深谷市の人口は14万2966人、6万740世帯。

【深谷市②】血洗島に定着し開拓

市内から北へ約6キロ、「血洗島《ちあらいじま》」は埼玉の3偉人の1人、渋沢栄一の生地だ。渋沢一族は天正年間（1573～92年）に、血洗島に定着して荒地を開拓。血洗島は、中山道と利根川に近く交通の要路でもあった。

◆アイヌ語説

血洗島とは物騒な名前だが、由来については諸説あって難しい。一つは利根川が氾濫するたびに土地が洗われるので「ちあらいじま」。二つは洪水などで土地が荒れるので「ちあれじま」から「ちあらいじま」に転化したとの見方だ。

また言い伝えでは、平安時代に八幡太郎義家（家臣の1人ともいう）が奥州遠征の途中、切り落とされ片手を洗ったので血洗島といい、その片腕の墓を作って埋めたところが東隣の「上手計《かみてばか》」、「下手計《しもてばか》」の地名になったとされる。「手墓」が「手計」に転化したのだ。

このほか「血洗」は「けっせん」の当て字で、下とか、端とかを意味するアイヌ語の「けし」で、厚岸《あつけし》、気《け》仙《せん》沼に通じるとの説も。ちなみに利根川の「とね」は、アイヌ語の「長い」という意味といわれる。かつてアイヌ人がこの辺りに住んでいたと考えると、地名を知ることに興味が湧いてくる。

◆『論語と算盤』

渋沢は第一国立銀行や東京証券取引所など約500を超える企業の設立に関係し、多くの社会事業を支援、「日本近代化の父」などと呼ばれる。師の尾高惇忠から漢学の影響を受け、論語の教えを経営に生かそうと努めた。著書の『論語と算盤』は、今でも経営者のバイブルだ。渋沢は、色紙を頼まれると「本立而道生」(本立ちて道生ず・物事の基本がしっかりして初めて何事も正しく行われる)と書いた。論語の「君子は本を務む。本立ちて而して道生ず」が出典だ。

また富をつくるには、して良いこと、悪いことを判断する道徳上の教えが大事だ。富をつくる人はうそをついて得をし、富の力で人間を抑制しては、世間から尊敬を受けないだろう――と説いている。

◆営みの痕跡

「東方《ひがしかた》」は、黒田(花園村)万光寺の郷帳にも記されており、深谷郷の東という意味のようだ。「柴崎《しばさき》」は、上杉の家人の柴崎淡路道介がこの地域を開拓した。

市文化財保護審議会前委員長の荻野勝正氏は「地名には先祖の生活や知恵の塊で、どう生かしていくかヒントが込められています。さまざまな分野で画一化が進んでいますが、地名はその土地の個性を語り、人々の営みの痕跡を伝えてくれています。地名を簡単に変えることは自然破壊と言えるのではないですか」と語る。（栗原猛）

メモ

最初のれんが工場　渋沢栄一は2024年から刷新される新1万円札の肖像画に決まった。渋沢は1888（明治21）年に深谷市上敷免に、日本初の洋式れんが工場「日本煉瓦製造株式会社」を設立。旧東京駅や赤坂迎賓館、旧法務省本館など多くの近代建築に深谷の土で作られたれんがが使われた。市は1995年から「れんがによるまちづくり」に取り組み、土蔵や煙突、塀づくりなどを助成している。やがてれんがにまつわる町名が生まれるかもしれない。

【深谷市③】利根川と共に生きる

◆上敷免と雑色面

古い地名には難解なものが少なくないが、「上敷免《じょうしきめん》」もその一つだ。「雑色面」が転訛したものとされ、荘園でさまざまな仕事に就いた人のことをいうようだ。ただ読み方では東京都中野区雑色町は「じょうしき」で、大田区にある京浜急行の「雑色」駅は「ぞうしき」という。雑色は仲六郷に編入されて駅名に名前が残っている。

「沖宿《おきしゅく》」は、集落から離れたところにある田畑をいう。「上野台《うわのだい》」は、唐沢川を中心とした台地上を指す。縄文時代の遺跡や埴輪《はにわ》窯跡などが散在する。この唐《から》は朝鮮半島の「加羅」に通じるとの説もある。

◆目印の人見山

「人見《ひとみ》」は、武蔵七党の猪俣党の人見氏の出身地だ。人見の地名は北多摩郡人見など、往来する人々が目標にする高台のことで、見晴らし台の役割をする地形なのだろう。人見山と呼ばれる山もある。

「政所《まんどころ》」は、領主などが来て事務を執る所。代官の意味もあるようだ。小川町にも政所がある。

「樫合」と「柏合」はともに「かしあい」と読む。『大日本地名辞書』は、「かしわ」は「かし」の類語で、「首をかしげる」の「かし」には、山麓の意味があり、樫合と柏合は当て字とされる。「折之口《おりのくち》」は、水路への降り口を指すという。

「宿根《しゅくね》」は県北部、上唐沢川左岸の台地にあり、『角川日本地名大辞典』は「スキのネ」の転訛とする。「スキ」は石交じりの土、「ネ」は岡とか台地の意味のようだ。

◆「4瀬8島」

市の北部、利根川の流域には水に関係する島、瀬、沼のつく地名が多く「4瀬8島」と呼ばれた。韮塚一三郎氏は『埼玉県地名辞典』で、この地域を流れる利根川の氾濫によって、生まれた地形によってつけられたとする。利根川が氾濫するたびにいろいろな形の島や沼ができたのだろう。

例えば「島」では西島、内ケ島、矢島、大塚島、高島、血洗島、向島、伊勢島などがある。「瀬」では中瀬、横瀬（小和瀬と滝瀬は本庄市）。また「沼」では、蓮沼、沼尻、東大沼、西大沼、皿沼などだ。地名は地形の特徴からつけられると言われるが、まさに大地そのものである。

「新会《しんかい》」は、「新戒」に通じ、鎌倉時代には「新開」とも書かれた。新しく開かれた開墾地を指すようだ。

市文化財保護審議会前委員長の荻野勝正氏は「４瀬８島と言われてきたように、利根川の氾濫が多くの地名をつくりました。ですから高台にある島護産泰《しまもりさんたい》神社が、ここに住む人々の生命や生活の安全を祈る守護神になっています。利根川は人々の生活とは切っても切り離せない存在でした」と語る。

（栗原猛）

メモ

有数の農産地　深谷市の農業産出額は約362億円（平成28年、農水省調べ）で、県内１位、全国でも有数の農産地だ。深谷の代名詞にもなっている「深谷ねぎ」をはじめ、ブロッコリーやハウス栽培のチューリップやユリなどの花卉、鶏卵の生産も盛ん。渋沢栄一が好物だった、野菜など具の多い幅広い煮込みうどん「煮ぼうとう」を名産品として売り出し中だ。

【深谷市④　旧岡部町】六弥太、正倉遺跡の町

旧岡部町は、平安から鎌倉にかけての武士で源平合戦で活躍、親しまれた岡部六弥太《ろくやた》の一族が居住し、古代・

榛沢《はんざわ》郡の「正倉」跡が発見された中宿遺跡などで知られる。深谷市教育委員会で聞いた。

◆小さい古墳

岡部は野菜が多く作られている「櫛引（櫛挽《くしびき》）台地」にある。平安時代の歌集で「岡部の原」と詠まれ、地名の由来となっている。『地名誌』では「岡の麓」「岡辺」の意味と説明している。

「櫛挽」は、ネット上では、鐘撞堂山から眺めると、「赤城おろし」対策の防風林が櫛を引いたように見えるため、との説明も紹介されている。

岡部には「四十塚《しじゅうづか》古墳」など古墳が多い。四十塚古墳群には51メートルの前方後円墳がある。

6世紀末、古墳時代の終わりごろになると、多くの小さい古墳を造るようになる。小山川近くの小高い場所や、山の中に小さい円墳が集まっている。

小高い所に古墳を造る理由として、小さいものを平地に造ると分からなくなってしまう。山や微高地に造ると見上げる形になり、大きく見えるためという説がある。

◆ハンノキ沢

大字として、西田、榛沢《はんざわ》、後榛沢、榛沢新田、沓掛《くつかけ》、岡、岡部、岡里、普済寺《ふさいじ》、山河《やまが》、針ケ谷、本郷、櫛挽など。

「西田」は、江戸時代から1889（明治22）年の合併まで、村名として使われていた。村の西から北に向かって、小山川が流れ、流れに沿って、沖積低地が広がり、多くの田んぼが造られた。土地柄で西田という地名になっている。

「榛沢」には、かつて大きな沢があり、周囲にハンノキが多数、植わっていたということから、「榛《はん》の沢」が地名になった。小高い所を回り込むような谷状の地形だ。

「沓掛」は、戦国時代から地名として見られる。1580(天正8)年ごろ、鉢形城の資料(北条氏邦印判状)の中で、沓掛の地名が出てくる。「沓掛信仰」にちなんで、道の分岐点に付けられた。台地末端の崖が湾曲して沓の形をしているためという説もある。

◆変形した墓

「山河」は『新編武蔵風土記稿』では「山川村」。明治以降に山河と書かれるようになった。「針ケ谷」は1579(天正7)年の資料に「ハリガ井」と書かれている。

地名の元となった「普済寺」は曹洞宗の寺で、近くに岡部六弥太の墓がある。県指定史跡となっている。六弥太の五輪塔の粉を煎じて飲むと、お乳が出やすくなるなどの伝承があり、削られて変形している。現在は、柵が設けられ、柵の外から見学できる。

(福井広信)

メモ◆ **中宿古代倉庫群跡** 掘っ立て柱の跡が整然と16棟。7世紀後半から150~200年間の律令時代に存続していたとみられる。1991(平成3)年、県史跡に指定。岡部町周辺は武蔵国榛沢郡と呼ばれており、榛沢郡の郡衙《ぐんが》（郡の役所）の正倉の跡とみられる。正倉は税として集められた稲を保管する倉庫。建物跡のうち、規模の大きい倉庫を校倉《あぜくら》・板倉造りで復元。周辺には関連遺跡として岡廃寺跡などがある。

【深谷市⑤　旧川本町】畠山重忠ゆかりの地

旧川本町は鎌倉武士のかがみとされる畠山重忠ゆかりの地であり、124基の古墳群がある歴史の街である。

◆武川＋本畠

1889（明治22）年に、上原《かみはら》、田中、長在家《ながざいけ》、菅沼、瀬山、明戸《あけと》の6村が合併して「武川村《たけかわ》」ができた。武川の由来は①武蔵国で荒川に臨んでいる　②かつて付近は「武川荘」と言われた――などの説がある。

同年「本田」「畠山」2村が合併して「本畠村《ほんばた》」に。『郡村誌』によると、本田村は、延文（1356〜61）の頃の文書に「本田郷」と記されている。

畠山村は、『新編武蔵風土記稿』によると、元は「畠山庄」といわれたが、新興勢力の武士による支配に。『地名誌』は、山（台地、丘陵）を畠にしたところから、地名となったと説明している。畠山氏は「秩父氏」の一族で秩父から移住、畠山氏を名乗るようになった。

1955（昭和30）年、武川と本畠2村が合併、川本村（町）ができた。地形や歴史とは関係がない。

◆大字で残る

「畠山」の地名は大字で残っている。残っている古くからの大字は、畠山のほか上原、田中、長在家、萱沼、瀬山、明戸、本田など。

「上原」は榛沢郡の村としてあった。江戸期には「原村」だった。

「長在家」は長左衛門村と言われていたらしい。鎮守の稲荷神社では、春の例祭の日を「豆腐祭」として、豆腐を奉納する慣わしがあったという。使い古した石臼を並べた石臼参道は市の有形民俗文化財。

「本田村」は新田に対する古い田のこと。『風土記稿』では畠山と同様に「古く開けし地」と書かれている。多数の小字があった。高岡、荷鞍ケ谷戸《にぐらがやと》、百済木、鹿島、八町歩、権現堂、分梨子《ぶんなし》、牛潜《うしくぐり》など。百済木は渡来系の有力な豪族に由来する。

「瀬山」は、『地名誌』によると「狭山に因よれる名」で、山の意としている。

◆鹿島古墳群

特筆すべきは縄文時代中期の大集落の上本田遺跡。竪穴住居跡が環状に48軒発掘された。開発に伴う発掘調査で、詳細が確認された。弥生時代になると、焼谷《やけやつ》遺跡など。弥生時代後期の土器や、竪穴住居跡7軒。この辺りでは弥生時代の集落が見つかるのは珍しいという。

鹿島古墳群は7世紀ごろの古墳。本田・高岡山の麓、水稲などを栽培する農地「陸田《りくでん》」の中にある。丘から北側に荒川が流れており、荒川沿いに多数の古墳群がある。

『風土記稿』では「高岡山」は小山で、形が船に似ているので「舟山」とも呼ばれる。付近は古戦場で、多数の小塚（古墳）から矢の根（鉄のやじり）が出土している。

鹿島古墳群は多くの円墳があった。残っている56基が県指定史跡となっている。発掘調査も行われている。

（福井広信）

メモ **畠山重忠公史跡公園**　畠山重忠は1164年川本町畠山で生まれ、1205年、北条氏に謀殺された。勇猛で情に厚い鎌倉武士のかがみと評される。館跡と伝えられる一帯は史跡公園となっている。公園には重忠の墓（五輪の塔）があり、一の谷合戦（1184年）での逸話となっている、愛馬を担いで崖を下りた像も立っている。隣接地に産湯とする古井戸もあり、『風土記稿』も触れている。

【深谷市⑥　旧花園町】農業と街道がルーツ

花園は、戦国時代にこの一帯を支配した藤田氏の「花園城」にちなんだといわれる。『埼玉県郡村誌』などによると、古くは、この地方を「花園の里」と称したことが由来とも。

『埼玉県地名誌』によると、花園の「園」には、「梅園」や「桃園」のように、主要作物以外を栽培する所という説があるという。また「ソノ」には「山地の新開拓地」、「ハナ」には「端」という意味もあると紹介している。

◆手放さない

小前田村の「前田」の由来は、一つは屋敷の前にある田んぼ、二つ目は、肥料等を多く施して手入れを怠らず、分家を出す場合はもちろん、貧窮しても最後まで手放さない田という。

小字の「大将陣」は鉢形城攻めの際に、豊臣方の前田氏の陣があったとされる。変わった小字の「猫岩」は、『風土記稿』には「荒川の崖なり。四、五間許の岩で、形猫に似たり」と紹介。鉢形城があった頃は、刑場だったと書いている。

「羽雌箭《はしや》」は、花園村史によれば「橋屋」。意味は不明。

◆渡河の目印

黒田村の荒川の河原に「川越岩《かわごし》」があった。荒川を渡る時の目印だった。

北根村の「根」は台地の意味。上杉家の家臣、宇野常慶が帰農し開発したという。慶長期から村名としてある。宇野氏が、名主を世襲して、郷《さと》代官を務めていた。宇野氏の役宅が代官所跡と残されていて、旧北根代官所跡として、埼玉県の指定文化財となっている。

荒川村に、1815（文化12）年から公認された渡船場があった。小川町の紙や松山宿の米穀類などを本庄などに運ぶ輸送路として、にぎわった。今は残っていない。

永田村の由来は、荒川によって侵食された旧流路跡に造成された田が長く続いていることに由来。長田村とも書かれる。

「滝之渡」について、『風土記稿』は「川の岸に小さな滝があることから名付けた」「両岸とも断崖で、景勝地」としている。

◆稲作関連？

難読の「猿喰土」。由来は不明という。『埼玉苗字辞典』に「猿喰土　ザルガイト　榛沢郡猿喰土村（花園町）あり」と紹介されている。武蔵七党の猪俣党猿喰土氏との関連に触れている。

読み方としては「さるがいと」「さるかいと」「ざるがいと」「さるくいと」「ざるがひと」など。「去谷戸」とも書かれた。「谷戸」は侵食されて形成された谷状の地形、谷間。谷は水はけの悪い低湿地。

『地名の研究』によると、「カイト」「ガヤト」には村や、湿地の意があるという。かつて荒川村の小字に「鍛冶ケ谷戸」「細ケ谷戸」があり、秩父郡小鹿野町にも「黒海土《くろかいど》」がある。この「海土」は囲った土地で、農耕に関係した地名らしい。また「さる」は、アイヌ語では葦《あし》原。

猿喰土は地形と稲作に関連している可能性がある。

（福井広信）

メモ　**旧花園町**　1889（明治22）年、榛沢《はんざわ》郡の武蔵野、小前田、黒田、荒川、永田、北根の6村が合併して成立した（武蔵野村は明治9年に飯塚や原宿、猿喰土村などが合併した）。深谷市との合併で「花園」は郵便番号から消えた。武蔵野村は「武蔵野台地に展開する広大な村」の意味という。飯塚村は、武蔵7党の一つ、猪俣党の藤田氏行が、この地を名字として「飯塚」を名乗っていた。原宿村は鎌倉街道にある。宿並が数多くあったので、地名として残った。村の中にもお祭り場などがあって栄えたという。

【鴻巣市①】コウノトリ　街の象徴

鴻巣市の地名の由来とくれば、やはりコウノトリとの関係を真っ先に連想する。事実、ＪＲ鴻巣駅を下車、東口広場に出ると、ひときわ高いポールのてっぺんに、大きく羽を広げたコウノトリが、ひなに餌を与えるモニュメントが目に飛び込んでくる。市役所の前庭でもコウノトリのつがいのモニュメントが市民を出迎え、玄関付近には剥製がガラスケース内に飾られている。すぐ隣りにはメインキャラクターのコウノトリの「ひなちゃん」もいる。

◆コウノトリ伝説

旧中山道の歩道に描かれたコウノトリの絵に導かれ、駅から北に歩いて5分、同市本宮にコウノトリゆかりの「鴻《こう》神社」が見えてくる。

境内に入ると、案内板にコウノトリのお宮と書かれ、祭壇には2羽のコウノトリと大きな卵が鎮座する。伊藤千広宮司（68）が「コウノトリ伝説」を語ってくれた。

昔、現在の鴻巣の本宮に小さなほこらがあり、そこの大樹のてっぺんに1羽のコウノトリが飛んできて巣をつくり、卵を産んだ。そこに大蛇が現れ、卵を飲み込もうとしたため、怒ったコウノトリが大蛇と戦い、退治して卵を守った。すると、突然雨が降り出し、住民たちを苦しめた日照りのたたりから解放された。村人たちが感謝して新しいほこらをつくり、ここを鴻の宮と呼ぶようになり、地名も鴻巣となった。この伝説は市のホームページにも掲載されている。

子授け祈願や安産を願ってお参りする方に「コウノトリの卵のお守り」を差し上げていると伊藤宮司。毎年10月、この伝説にちなんだ「おおとりまつり」でコウノトリ伝説パレードが行われている。

徳川幕府が編さんした『新編武蔵風土記稿』にも「氷川社（鴻神社の前身）、宿の総鎮守なり。また鴻ノ宮とも云ふ。是鴻巣の地の名の由って起こる所の社なりといへば、古き鎮座なること知らる」とある。

◆生息目指す

市の地名にちなんで、同市は「コウノトリの里づくり基本計画」や「コウノトリの里づくり基金」で、コウノトリが将来、この地に生息できるような環境づくり、エコロジカル・ネットワークの形成を目指す地域の活性化に取り組んでいる。

具体的には「川幅日本一」を誇る荒川河川敷から数キロ上流の「コスモスアリーナふきあげ」の敷地内に飼育施設の候補地を選定、令和元年度から飼育に向けた計画づくりを進めているという。

また、市内の農家に補助金でコウノトリ生息の環境に配慮、農薬と肥料を5割以上減らした「鴻巣特選こうのとり伝説米彩のかがやき」（県特別栽培認証を取得）を栽培、月1回学校給食に提供している。コウノトリは市民を元気づけるシンボルになっている。

◆地形と歴史

コウノトリ以外にも同市の地名の由来は諸説ある。

地形的には大宮台地上にあり、高台の砂地を「コウ（高）のス（洲）」と言い換えて、その言葉が由来となったという説。

『日本書紀』に出てくる「武蔵国造《むさしのくにのみやつこ》の乱《らん》」で、鴻巣郷に隣接する埼玉郡笠原郷を拠点としたとされる「笠原直使主（かさはらのあたいのおみ、おぬし）」が、朝廷から武蔵国造に任命され、一時この地が武蔵の国の国府が置かれた「国府の洲」が「こうのす」に転じたという説だ。

武蔵国の国府は現在の東京都府中市とされ、その出先機関という説も。

いずれも確証はない。

（上松寛茂）

メモ

コウノトリ　翼を広げると160～200センチにもなる大型の鳥。かつては日本全国に生息していたが、乱獲や開発、農薬使用で1971（昭和46）年に絶滅した。人工的に飼育・繁殖して2005（平成17）年、兵庫県豊岡市で自然界に放鳥され、現在62羽が野外で生息している。東京・多摩動物公園にも数十羽いる。ドジョウやカエル、昆虫など生きた小動物を餌にしている。「種の保存法」で国内希少野生動植物種、文化財保護法で国の特別天然記念物に指定され、官民一体となった保護に取り組んでいる。鴻巣市の人口は11万

8042人、5万731世帯。

【鴻巣市②】全国唯一の「人形町」

◆室町期に登場

鴻巣という地名は室町期、市が開かれる際、神前で読み上げられた祈願文である市場《いちば》之《の》祭文《さいもん》に登場し、文書史料は1604（慶長9）年に徳川家康が勝願寺（本町8丁目）に発した寄進状に初出する、と『角川日本地名大辞典11埼玉県』にある。しかし、これが後の鴻巣宿を指しているのかは明らかではないとも記している。

中山道の江戸から7番目の宿場町として発展した鴻巣宿は、岩槻城主太田家に仕えた小池長門守が北条氏康の命令で1551（天文20）年に岩槻市宿から移り、鴻巣郷に入る。この地を開墾して岩槻市宿にちなんで新田開発をしたことに始まると『新編武蔵風土記稿』は記す。

◆日本一のひな壇

鴻巣は「ひなの里」「人形のまち」として知られる。郷土史家の加藤勉氏によると、「鴻巣びな」と呼ばれる鴻巣人形の技術が、いつ頃誰の手によって持ち込まれたかは、あいまいだという。

ある人は天正年間（1573〜91年）に京都の人が持ち込んだといい、ある文献では、万治・寛文年間（165

8年〜)、別の書には明和・安永年間(1764年〜)と約200年の開きがある。

文化・文政年間(1804〜30年)に刊行された『風土記稿』には、「上谷新田の民家六十街道の左右に軒を並べ耕種の雛人形なるものを製し、諸方にひさぎて生産の資となす、是を雛といへり」と記し、鴻巣びなの隆盛を伝えている。

「鴻巣びっくりひな祭り」には、日本一の巨大ひな壇がJR鴻巣駅東口の商業施設に飾られる。2千体近いひな人形が高さ7メートル、31段のピラミッド形のひな壇に鎮座。

1902(明治35)年発行の『埼玉縣営業便覧』には、人形に携わる業者の数は越谷6軒、岩槻3軒に対し、鴻巣は31軒もあった。現在では岩槻が規模的には上回っている。

鴻巣びなが生産された江戸時代の上谷新田村は1889(明治22)年、「鴻巣町大字鴻巣元上谷字新田」となったが、地元の人は人形町町内会コミュニティーを結成、「人形町」という通称名を使っていた。

1965(昭和40)年の住居表示の実施で「人形1〜4丁目」と、町内会の名称が正式地名となったものの、いまだに人形の生産地で人形町の地名を名乗るのは全国で鴻巣だけ。岩槻は通称名、東京・日本橋人形町は戦前、人形浄瑠璃を上演したことから付いた地名だ。

◆**兎狩りが地名**

鴻巣市は、鴻巣、箕田《みだ》、田間宮、馬室、笠原、常光、川里、吹上の8地域からなる。旧鴻巣町域の「鴻巣宿・上生出塚《かみおいねつか》村・下生出塚村・上谷村字新田」は明治の町村制で大字名として登記された。現在本町2―3丁目の一部と東1—2丁目は、江戸末期には上生出塚村の兎山《うさぎ》と呼ばれていた。徳川家康や家光が鷹《たか》狩りに来て鴻巣宿の東側の山で兎狩りをしたのが地名の由来だという。将軍が宿泊した鴻巣御殿は鴻巣駅近くの勝願寺付近にあったという。市役所ロビーに模型が飾られている。

田間宮地区の地名の由来は、明治の町村制の施行で糠田、大間、宮前、登戸、北中野の5村の合併の際、田間宮村としたものだ。

（上松寛茂）

メモ **合併史** 1889（明治22）年の市町村制の施行に伴い、北足立郡鴻巣町、箕田村、常光村、田間宮村、馬室村、北埼玉郡笠原村が成立。1954（昭和29）年7月、このうち常光村を除く1町4村が合併して北足立郡鴻巣町となり、9月には常光村も編入して市制を施行、鴻巣市となった。その後、2005（平成17）年10月、北足立郡吹上町と北埼玉郡川里町を合併、新たな鴻巣市が発足した。

【鴻巣市③】「街区」で旧地名保存

地名にはいにしえの伝説をはじめ、地形や自然形態など由来に奥深い背景がある。1889（明治22）年の市町村制の施行以来、合併の繰り返しで、愛着と由緒ある地名が各地で消滅している。鴻巣も例外ではない。鴻巣市の歴史や地名について研究、保存活動にも取り組んでいる鴻巣郷土史会の栗原俊也さん（56）に聞いた。

◆街道挟み「東・西」

江戸時代の鴻巣は旧中山道（県道164号線）の宿場町として、「上宿・中宿・下宿」からなり、明治に入り、土地登記制度の導入で、JR鴻巣駅を中心に旧中山道を挟んで「鴻巣町大字鴻巣字東側・字西側」と変更された。しかし住民は「加美町」「石橋町」「人形町」などの、登記地名ではない町内会名を日常生活で使用していた。

1965（昭和40）年の住所表示制度の実施で、「加美、雷電、宮地、人形」は旧来の町名が新町名に採用され存続したが、「本一町」や「宮本町」のほか、「仲町、富永町、御成町、相生町、七軒町、石橋町、元市町」は、町内会名としてだけ残る。

◆「鴻巣方式」で復活

これらは歴史的な町名だが、旧町名に戻すのには膨大な費用がかかる。市民の有志が行政を巻き込み、2008（平成20）年、東口駅前再開発事業により、本町1丁目に整備された小公園エルミパークの敷地内に旧町名を残す方策を実現した。

「本町1丁目」の名称は変更せず、「本一町」町内会区域を「本町1丁目　本一町」に、宮本町町内会区域を「本町1丁目　宮本町」に変更し、地名保存のための「街区」を特設して旧町名がよみがえった。

これは市議会の議決を必要とせず、市長告示で実現。地図上にも表記されている。これは市民らによる地名保存の「鴻巣方式」として全国からも注目を浴びた。

小公園に「住居表示街区による旧地名の保存」の石碑が建っている。

「本一町」の由来は明治初期には「市」が開かれ、宿場のもっとも上方に当たるからという説が有力だ。宮本町は、かつて「市神町」と呼ばれ、「市神社」が祭られていたが、1870（明治3）年8月の暴風で社が壊滅、ここに「お宮」があったことにちなんで「宮本町」と変更されたという。

◆電柱に変遷を解説

同様に市立鴻巣東小学校の校庭に「富永町」と「石橋町」が、旧鴻巣宿の字名「鞠子《まりこ》」は鴻巣南小学校の敷地内の西半部に、旧上生出塚村内の字名「新屋敷」は「けやき通り公園」の敷地内に、住居表示の法令に基づく「街区符号」として採用され、復活した。

「鞠子」と「新屋敷」は、徳川家康や吉宗が鴻巣への鷹《たか》狩りの際、使用する鷹を飼育する幕府の役人の屋敷が造られたことに由来する地名。地名は元の場所そのままの位置での復活で、偶然の一致だという。

各地域の電柱の住居表示版には旧町名も併記され、地名の変遷の解説も付いている。栗原さんら市民の寄付で費用を賄ったという。

（上松寛茂）

メモ▶ 鴻巣方式（非居住地分離・地名街区方式）　公園・公共施設などの「市有地」を、既存の住居表示街区から分離し、保存地名を「街区符号」に命名、その街区を「市長告示」により設定する。登記地番は変更されない。「市有地の非居住地域」を指定することにより、住民の居住地名の変更が不必要で実害がない。これにより失われた歴史的な地名の復活が実現できた。似たケースは大阪市中央区にも。東京都千代田区や金沢市、長崎市、大分県豊後高田市なども住民の地名保存運動で歴史的な地名が復活している。

【鴻巣市④　旧川里町・旧吹上町】川に縁の純農村地帯

鴻巣市に2005（平成17）年に合併した旧北足立郡吹上町と旧北埼玉郡川里《かわさと》町は、純農村地帯として発展してきた。東京都心への通勤距離圏にあり、近年都市化が大きく進んでいる。

◆沼がゴルフ場に

川里村は1954（昭和29）、屈巣《くす》村と広田《ひろだ》村、共和村の3村が合併して誕生、純農村同士の対等合併として強い関心と注目を浴びた（2001年に町）。利根川、元荒川に挟まれ、中央に野通川《のどおり》（排水路）が流れており、これにちなんで命名されたという。

川里は、大宮台地に連なる台地と、元荒川と見沼代用水の自然堤防上に集落がある。江戸時代初めまで屈巣をはじめとする湿地帯だった（『埼玉県地名誌』は、「屈巣」の由来について、元荒川の搬土作用によって生じた「洲」「処」としている）。

1591（天正19）年に加須の新井弥左衛門が広田村に移住して開拓、見沼代用水の完成もあって干拓による新田開発が進んだ。

地区内にある「新井」の地名は、新井弥左衛門とは別の川越藩吉見領（現比企郡吉見町）から移り住み新田開発した新井家の先祖重光に由来する。市民グループがまとめた『鴻巣地域の地名』では指摘している。干拓が進み、最後まで残った屈巣沼も1976（昭和51）年までに埋め立てられ、ゴルフ場に変貌した。コース内に数多い池・クリークの存在が、沼であった面影をとどめる。

◆日本一の花き栽培

川里地区と寺谷地区では「低湿地帯の土壌を生かした花き栽培が盛んだ」と、川里に住む市文化財保護審議会委員の小野哲史さんは語る。元荒川沿いの「フラワー通り」にはさまざまなハウスが建ち並び、壮観な花の風景だ。

吹上地区も大部分は低湿地帯で、吹上自噴帯と呼ばれる湧水地帯でもある。1629（寛永6）年、伊奈忠治による荒川流路の切り替え工事で、現在の吹上地域ができたとされる。

吹上が初めて史書に登場するのは南北朝時代。小山氏の乱（下野守護だった小山義政が鎌倉公方足利氏満に対して起こした反乱）の際、鎮圧するために上杉朝宗らが吹上砦《とりで》を足だまりとして一時駐屯した時に吹上の地名が登場すると『吹上町史』にはある。

◆砂、水が吹き上げ

「吹上」の地名の由来について、『地名誌』には、吹上は元荒川の自然堤防上にあるため、晩秋から春先にかけて北西の季節風が吹き、激しく砂を吹き上げることが多いので、吹上の地名が生まれたと記す。

しかし、この地方に多い掘り抜きの井戸から水を吹き上げるので、その名がついたという説もある。

吹上に住む郷土史家の加藤勉さんは「昭和30年代までは自噴する掘り抜き井戸の水で子どもたちは遊んだものです。工場立地などで地下水が弱まり、今では見られない風景となったのは寂しい」。

変わった地名の「三町免」は、鎌倉時代に新補地頭個人の得分として免税田になった地と『地名誌』『町史』に出ている。

「新宿」は、「しんしゅく」と読む。古くは埼玉郡忍領大井村に含まれ、1712（正徳2）年、4か村に分村したが、『新編武蔵風土記稿』には、太井村1村として載せ、村内の小名に、太井（現熊谷市）・門井・棚田（現行田市）・新宿と記されている。


（上松寛茂）

メモ▶ **鴻巣の花き栽培**　寺谷地区のコメ農家が戦後パンジーを作付けしたのをきっかけに急激に広まり、現在、花卉栽培農家は約300軒。春に出回るマリーゴールド（138万株）、夏のサルビア（90万株）、秋から冬のプリムラ（272万株）といずれも生産量が日本一を誇っている（2006年度）。鴻巣農産物直売所のパンジーハウスではさまざまな花や自家野菜などを購入できる。

【本庄市①】古代期の荘園由来か

現在の本庄市は、2006（平成18）年、旧本庄市と旧児玉町が合併して誕生した。本庄、児玉ともに、歴史的にみて非常に古い地名である。この地域からは旧石器時代の遺物が出土し、縄文、弥生、古墳時代それぞれの遺跡が発掘されるなど、原始時代から人々が生活した跡が残っている。

◆二つは密接に関連

本庄と児玉の二つの地名は密接に関連している。市が編さんした『本庄市の地名』によると、「本庄」の地名の起こりや由緒については、その発祥は極めて古く、定かではないが「古代末期ごろに児玉郡内にあった児玉庄という荘園に関係する地名ではないか」と記している。

荘園領主が隣接地域に新たにまとまった荘園を開発した場合、そこを「新庄」と呼び、従来の荘園のことを「本庄（＝児玉本庄）」と呼びならわしたのではないかという。

ただ、「児玉本庄」や「児玉新庄」と書かれた史料は存在せず、次第に崩壊していった荘園制の過程で、「児玉庄の中心地」といった意味で「本庄」という地名が生まれた、との説も示している。

古代からこの一帯は、児玉、賀美、那珂（江戸時代は那賀とも書いた）の3郡に分かれていた。現在の本庄市はおおよそ児玉郡に属し、那珂郡の一部も含んでいたようだ。その後、郡の境は多少変更があったようだが、その状態が1896（明治29）年まで続いてきた。

◆御家人として活躍

鎌倉時代以降、本庄の地を拠点に影響力を持った武士の一族が本庄氏を名乗った。

武蔵七党の一つ児玉党の系譜を引く一族で、鎌倉時代の歴史書『吾妻鏡』の記録には、本庄三郎左衛門など「本庄」を名字とする武士の名前が残り、鎌倉将軍家の御家人として活躍していたことがうかがえるという。

戦国時代には、本庄の北部台地上に本庄実忠によって本庄城が築かれ、周辺に集落が営まれた。江戸時代に入ってからは、幕府が五街道を整備して、中山道が本庄市街地を通過したことで、宿場町が形成されて発展を遂げた。

◆定説ない由来

児玉の由来も諸説ある。①この地方では古くから銀や銅が採掘され、それを細かく砕いたものを小玉といったことから来た説（明治期刊行の『日本地理志料』）。②養蚕が盛んな土地柄だったので蚕玉からという説。③中世を通じて活躍した児玉党の祖を「遠峰」といい、遠峰《やまびこ》＝こだまと発音し、これから来たという説。④樹霊・樹神（木の魂）を「こだま」といい、そこから来たという説——などがあるが、いずれも決め手はなく「由来は不明とするしかない」という。

『本庄市の地名』の編集、編さんに当たった元文化財保護課の野口泰宣さんは「武蔵国には『玉』の字に関連する郡が三つある。『児玉』『埼玉《さきたま》』『多摩』だが、いずれも先進地域であり、古墳群が多数残っていることから考えると、『玉』の意味は水田の広さや生産力の大きさを示し古くから開発された地域であることは間違いない」

と述べている。　　　　　　　　　　　　　　　　　　　　　　　　（滝川進）

メモ　**本庄市**　県の最北に位置し、豊かな自然に恵まれ、古くから人々が暮らしてきた痕跡が遺跡や古墳などの形で残る。戦国時代に本庄氏によって築かれた本庄城の城下町として繁栄。江戸時代には日本橋から10番目、中山道最大の宿場町として栄えた。旧児玉町だった南西部には500メートル級の低山が連なり、それらを源流とする小河川が流れ、群馬県との境を成す利根川に注いでいる。人口7万7893人、3万4948世帯。

【本庄市②】「利根川」に強い影響

旧本庄市の地域は、市役所やJR高崎線の本庄駅など中心市街地を構成する「本庄」のほか、「藤田」「仁手《にって》」「旭」「北泉」の計5地区で構成されている。

本庄の地名が古文書に登場するのは鎌倉時代だが、中心地として栄えるのは江戸時代に入ってからだ。戦国時代に築かれた本庄城だが、徳川家康の家臣小笠原信嶺が城主となって城を中心に町が整備されたことや、五街道の一つ中山道がこの地域を通り、宿場町として発展したことが大きい。日本橋から数えて10番目の宿場として中山道一のにぎわいを見せた。

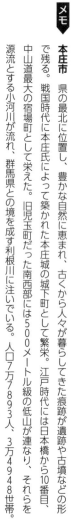

◆小字に古い地名

市域の古い地名は昭和40年代の住居表示の導入によってほとんど消えてしまったが、小字として「城跡」『城下』『本宿」などが残り、城や宿場の名残をとどめる。

古い地名としては「見福《けんぷく》」がある。これは南側の北泉地区に同音の「犬伏」という地名があり、その場所には「犬伏上」『犬伏中』『犬伏下」の地名に沿って用水堀がある。見福もそれとの関連がありそうだ。

市域の北側を占める旭、仁手、藤田地区は、利根川を隔てて群馬県と接している。坂東太郎と呼ばれる関東一の河川だけに、利根川に由来する地名が多い。

◆氾濫、水害の爪痕

藤田地区には「北久保」『下久保」など「くぼ」の付いた地名がたくさんある。暴れ川だった利根川の度重なる流路変更の結果、旧河川跡が一段低い窪地となったためとみられる。

「傍示堂」の傍示とは昔、領地の境界を示す標識の意味で、『風土記』によると、村の中央で中山道から上州・越後方面への道が分岐する所にお堂があったことからこの名が付いたという。

「小和瀬」も川に関連した名だろう。中世にはすでに使われていたようで、『地名誌』では小和瀬は「強瀬」の意味で利根川の水勢の強い場所のこと。

仁手地区も河川の氾濫、水害を被っており、特に明治期には堤防の決壊、破壊などが立て続けに起きている。仁手の名も、「新田（仁田＝ニタ）の転化ではないか（『地名誌』）」とし、「ニタ」には湿地の意味があるとしている。

「久々宇《くぐう》」は珍しい読みだが、古くからある地名。由来は「ククヒ（くぐい・鵠）」からきたもので、白鳥の古い呼び名だとされ、昔は白鳥がたくさん飛来した土地で、そこから付いたのかもしれない。

◆今も残る霞堤

旭地区は、1889（明治22）年に都島村、小島村、沼和田村など7村が合併して旭村を構成、1954（昭和29）年に本庄市に吸収されたが、この地区も全域が利根川の氾濫原の平坦地にある。

「都島」の「島」は川の乱流で中州（中島）ができたことと関係があると思われ、同地区には今も洪水予防のために築いた「霞堤」が内陸部に残っている。

「沼和田」も、「和田」が川の曲がって流れた部分や丸みのある平地を指すことから、沼のある和田という意味ではないか（『地名誌』）としている。「小島《おじま》」の地名は極めて古く、古代には賀美郡に属していた（『和名類聚抄』）という。

市の中心部の南側にある北泉地区には田園地帯が広がる。「四方田《しほうでん》」は文字通り四方を田に囲まれた場所で、古代の土地区画である条里制が敷かれていた。平安時代末期にはこの地名があったとみられ、中世には児玉党の中に四方田氏を名乗る一族があった。

（滝川進）

メモ▶ 本庄と早稲田 本庄市と早稲田大学の関係は60年ほど前にさかのぼる。大学郊外移転の候補地となり、市を挙げて誘致してからだ。一度下火になったものの大学の「セミナーハウス」、「早大本庄高等学院」設立、環境系などの大学院設置など関係を深めてきた。上越新幹線の駅名が「本庄早稲田」となり、開業したのは2004（平成16）年だ。各方面での協力を進める「包括協定」も結んでいる。ちなみに現在の吉田信解市長（4期目）も早稲田大学OBである。

【本庄市③ 旧児玉町】「塙保己一」生誕の地

本庄市の偉人と言えば江戸時代の盲目の国学者、塙保己一《はなわほきいち》を挙げねばなるまい。

保己一は江戸時代中期の1746（延享3）年、武蔵野国児玉郡保木野村（現本庄市児玉町保木野）に生まれた。7歳で失明したが、15歳の時に江戸に出て盲人一座に入り、修行を積んで学問を学び国学の発展に大きな業績を残した。40数年の年月をかけて、失われつつあった各種文献を収集してまとめた『群書類従』を完成させた。市内には「塙保己一、生誕の地」の立て看板があちこちに立ち、生誕地の近くには記念館も建つ。

◆「保木野」に由来

「保己一」の名は、生まれ育った「保木野」と中国の古い詩文集『文選』の故事に由来するという。故郷を愛した保己一が勉学を続ける中で、古典と結び付ける形で名乗ったのではなかろうか。

保木野は旧児玉町では北端にあり、平坦な田園地帯が広がっている。塙保己一記念館に在籍し、地域の歴史や地名に詳しい野口泰宣さんは「保木野は、広い野原とそこに生える自然林から起こったのかも。『ほき』は植物が良く茂《ほき》るさまを表したことも考えられる」と説明している。

この地名が文献に初めて登場するのは鎌倉時代の1274（文永11）年。この年に即位した後宇多天皇が大嘗会（天皇が即位後初めて行う新嘗祭）を開催する費用を調達する際に書かれた『金沢文庫文書』の中に「保木野村」が出てくる。

◆にぎわった八幡山

旧児玉町の地域は、江戸時代には26もの村があり、年貢賦課のため土地一筆ごとに地名を付けたため多くの小名・字が生まれた。小字は886もあった。明治期に入って地租改正の関係で小字が整備されるとともに、村が次々に合併した。結果、大字も整理されて「児玉」「金屋」「秋平」「本泉」「共和」の5地区に大別された。

児玉地区の「八幡山」は鎌倉街道が通過するなど古くから交通の要衝だった。名前の由来も八幡神社の創立伝承は源義家の奥州合戦にまでさかのぼるようだが、正確には不明。少なくとも戦国時代から江戸時代初期の文書にこの地名が登場する。

八幡山には「鍛冶町」「大名小路」など城下町の町割りを示す小字があり、戦国から江戸にかけてにぎわっていたことをうかがわせる。

◆金屋鋳物師で繁栄

「金屋」の名は「金屋鋳物師」の存在から付いた。起源は少なくとも室町時代後半にまでさかのぼるようだ。この時代以降、金屋の地に鋳物師が活躍していたことが史料から推測される。

多くの寺院や個人の墓地にも石造物や遺跡が残っており、この地が繁栄していたことを示す。「倉林」と名乗る家が多くあり、地名にも倉林があって「くらはやし」と濁らずに発音する。倉林家は代々鋳物師の家で、家には古い作品が残っている。

「本泉地区」は市の南端にあり、「太駄《おおだ》」は古くから秩父や寄居との交通の要衝だった。大半が上武山地に囲まれた盆地を成し、南北に小山川が流れる。「太田」と書かれた文書もあり、鎌倉時代中期以降の文書に登場するが、名前の由来は伝わっていない。

（滝川進）

メモ

養蚕と製糸で繁栄　本庄市は明治期に養蚕で栄えた。県内有数の中心地で、１８８３（明治16）年に絹糸郵送のために日本鉄道（現ＪＲ高崎線）が開通し本庄駅が開業すると、周辺に一大養蚕地帯を抱えるこの地に製糸工場が進出した。以後、深谷、熊谷とともに大製糸工場地帯を形成、生産された絹糸が横浜に運ばれ輸出され、町の繁栄をもたらした。競進社模範蚕室や旧本庄商業銀行煉瓦《れんが》倉庫などの関連遺構が残っている。

【北本市①】街道の要路、宿駅由来

「北本」という地名は、「宿駅」に由来する。「北本」の名前が誕生する経緯を見ていくと、地名が生まれる面白さが分かる。

◆**国鉄の駅名**

1889（明治22）年、西部の「石戸宿村」などが合併して「石戸村」に、東部地域では「北本宿村」「北中丸村」などが合併して「中丸村」をつくる。

北本宿村は、『新編武蔵風土記稿』によると、元々の古い「宿駅」＝「本宿《もとじゅく》」であった。市の中央部にあり、中山道が南東から北西に走る。宿駅は江戸時代に隣の鴻巣に移った。

1943（昭和18）年に、石戸、中丸両村が合併し「北本宿村」となるが、新村名は両村のほぼ中央にあった国鉄の駅名「北本宿」が採用された。

1959（昭和34）年の町制施行では、「北本宿町」は呼びにくいと「宿」を取り「北本町」へ。そして1971（昭和46）年の市制施行で、「北本市」が発足する。こう見ていくと「北本」の呼び名は比較的に新しいことになる。

◆『吾妻鏡』に登場

市の西部地域の「荒井」にある八重塚、諏訪山南の両遺跡は古く、旧石器時代の石器類が発掘されている。ただ市域が歴史に登場するのは、鎌倉時代に編さんされた史書『吾妻鏡』の1245（寛元3）年の記述からだ。北本の中心地域「石戸《いしと》」が登場した。「放生会《ほうじょうえ》」（戦で亡くなった人の慰霊に生き物を放流する儀式）が鶴岡八幡宮で行われた時の出席者の中に「石戸」という地名を名乗る武士、石戸左衛門尉がおり、これが初出とされる。

◆日本五大桜

石戸は『風土記稿』では「渡津」だった。「津」は「博多津」とか「唐津」など船が出入りする港を指す。『武蔵国郡村誌』には「渡船二艘馬船」とあり、近くを流れる荒川の船着き場だったようだ。

一帯は戦国時代、街道の要路でもあった。東光寺の周辺が石戸氏の館跡で、東光寺の「石戸蒲桜《かばざくら》」は、樹齢800年、日本五大桜の一つ。源頼朝の弟「蒲冠者《かばのかじゃ》源範頼」が伊豆から逃れる時に持ってきた桜のつえを、土に挿したところ芽が出てこの桜になったという伝説がある。東光寺は多くの板碑も保管する。

「古市場《ふるいちば》」は縄文時代中・後期の遺跡が発掘。近くに街道が通っており、人が集まる市場があったと思われる。「花ノ木《はなのき》」はカエデ（楓）とされる。花ノ木の地名は、さいたま市のほか川越や秩父、入間、日高、朝霞、ふじみ野の各市や鳩山町など県内に多くあり、古来人々に親しまれた樹木だ。「常光《じょうこう》」は、古くは「常香」だったという。「香」が草花なのかなどは不明だ。

難しい地名では「七ツ島《ななっちま》」「勝林《かっぱやし》」「九丁《くちょう》」などがある。　（栗原猛）

メモ　**森林セラピーロード**　北本市は日本橋から45キロ圏。宅地と緑地の面積の比率はほぼ五分五分。緑あふれる住環境が売りだ。この自然を生かした健康増進のための「森林セラピーロード」や「森林セラピー基地」、桜公園や遺跡などの文化財をセットにした整備を進め、宅地と緑の均衡の取れた文化都市を目指す。人口6万6097人、2万9566世帯。

【北本市②】荒井、新井　開墾と関係

北本は大宮台地の端にあり、荒川などが流れる。「高尾《たかお》」は、古くは「田高《たこう》村」と呼んだ。金沢庄三郎氏の『日韓古地名の研究』では、「地名に尾《お》といふは丘の義で、高尾は高く秀でた山」だとする。『地名誌』は「高く秀でた」よりも、かつて「たこう」と呼ばれていたことに注目、高尾は、高い所（＝台地）の意味を持つとの説を紹介している。

◆神社3社

石戸3丁目のバス停から少し西に向かって歩くと、氷川神社、厳島神社、須賀神社が向かい合っている珍し

い光景に出合う。村の境界が入り組んでいたためこうなったらしい。

厳島神社は竜が杉の大木から昇天した「龍燈杉伝説《りゅうとうすぎでんせつ》」があり、この杉が倒れた跡地にできた池に弁財天を祭る。本殿が低い所にあるので、階段を下りて参拝するという様式だ。

南隣の須賀神社と厳島神社向かいの氷川神社はともに素戔嗚尊《すさのおのみこと》が祭神。素戔嗚尊は出雲の神だから、往古からこの地と出雲は交流があったのだろう。

◆新羅王の伝承

「荒井」「新井」は、沼や野を開墾して新しくできた村落につけられた。『地名誌』は、「イ」には「井（井戸）」のほか、「堰《せき》（用水路）」などの意味があるとの説を紹介している。

関東平野は大掛かりな開拓が行われ、地名ばかりか名字にも荒井や新井姓が多い。東新井、西新井、南下新井（さいたま市）、中新井（上尾市）、新井宿（川口市）、西新井（越谷市）、新井（深谷、本庄市）、北下新井（加須市）、新井（鴻巣市）、東京にも西新井がある。

「新井」姓では、朝鮮半島南部にあった新羅《しらぎ》の初代王が、王宮の井戸の近くで誕生した故事にちなんで新井姓になったという伝承を持つ人も少なくない。

◆堀の内は館跡

「堀の内」は、石戸宿の小字名で、城とか豪族の屋敷のあった所だ。堀の内は、さいたま市桜区道場（畠山重忠城址説）や坂戸市石井（勝呂氏館跡）、毛呂山町毛呂本郷（毛呂氏館跡）、熊谷市上之（成田下総守館跡）、同市妻沼町（斎藤実盛氏館跡）などにある。

「宮内」は、大宮氷川神社を勧請して「宮内氷川神社」が建立されたことに由来。武蔵三宮《むさしさんのみや》とも呼ばれる。

「東間《あずま》」は鴻巣の東方を意味するという。

「深井」は、深い井戸があったという。深井の「寿命院」は、当初は「持明院」と号したが、幕府から寺領10石のご朱印が出たのをきっかけに、好字の寿命院に変えた。

「中丸」の「丸」は、古代鮮語で「山」を指すという。高い山ではなく丘陵を指したらしい。さいたま市大宮区にも中丸、笹丸がある。

市教育委員会の文化財保護課主事の坂田敏行氏は「地名から小字も大字名もなくなっています。地名には沼とか川とかそこに住んだ人たちの生活や歴史、伝説などが反映され、さまざまな知恵やメッセージが込められているので、大切にして伝えていきたいですね」と語る。

（栗原猛）

メモ **北本トマトカレー**　北本のトマトの歴史は古く、大正年間に石戸村がトマトの種の輸出を始めたのがきっかけ。平成に入り「北本トマト」の商品化に力を入れ、2011年に北本トマトカレーが「埼玉B級ご当地グルメ王決定戦」などで優勝して知名度を上げた。2019年5月に開催された「よこすかカレーフェスティバル」の「全国ご当地カレーグランプリ」で優勝した。トマトの生産量200トン、トマトカレーの専門店は11軒。「北本トマトカレー」の基準3項目を決め、普及に努める。

【羽生市①】自由民権の「先進地」

羽生は利根川と共存してきた。利根川の流れを変えた（東遷）地であり「利根川と共に歩み、歴史を重ね、発展してきた」。天然記念物・食虫植物「ムジナモ」の自生地があり、そこから生まれたキャラクター「ムジナもん」と「世界キャラクターさみっと in 羽生」が注目されている。田山花袋の小説『田舎教師』の舞台、自由民権運動の先進地でもあった。羽生市教育委員会文化財保護係の高鳥邦仁係長と学芸員の山﨑吉弘さんに聞いた。

◆特殊な読み方

『羽生昔がたり』（同市編集）は「羽生を正しく読める人は多くない。特殊な読み方として教科書にも取り上げられていた」と紹介している。歴史上、羽生という地名が出てくるのは、1478（文明10）年の太田道灌の書状が最初。長尾景春が「羽生峰に陣を取り」とある。

昔は「埴生」「羽丹生」と書いた。「ハニ」は赤黄色がちな粘土、「ウ」は「多くある」や「村」という意味で、土は農業や土器づくりに適していた。羽生市内には古墳が多くあり、埴輪《はにわ》が出土している。羽生という地名は埴輪に由来するとの説もある。

関東平野中央部を形成した関東造盆地運動で関東ローム層は地下深く沈み込んでいるが、「永明寺古墳《ようめいじ》」のある「下村君《しもむらきみ》」や大字「羽生」あたりは、比較的浅い。永明寺古墳（6世紀前半ごろ）は前方後円墳（主墳は

78メートル）で、円筒埴輪などが出ている。県の史跡になっている。

市内の郷土史家は「『はにふ』は『部民制《べのたみ》』の『曲部《かきべ》』のひとつ、祭具装飾を司る『羽結《はにふ》』に由来する」という説を唱えたという。

◆利根川東遷

「道の駅はにゅう」近くに「川俣締切跡」の石碑が立っている。江戸時代以前、利根川が二股（「会の川」と「現在の利根川」）に分かれていた場所で「川俣」という地名の由来となったといわれる。

1594（文禄3）年、会の川を締め切った。1654（承応3）年まで実施された大規模な工事で、江戸湾に流れていた利根川を太平洋岸の銚子に持っていく、それが「利根川東遷事業」といわれる。

◆人柱の伝説

川を締め切るのは難工事で、なかなかうまくいかない。その時、修験者がやって来て「午年《うま》の者が入水すれば工事はうまくいく」と言った。つまり人柱を立てる。修験者自身が午年だったので、自ら飛び込んだところ、工事がうまくいったという伝説がある。文禄3年は午年だった。

さらに利根川沿いの「稲子《いなご》」。砂の混じっている土という意味がある。農作に適した土地だ。『昔がたり』などによると、決壊した堤防をふさぐ修復工事が難航、「人柱を立てた方がいい」というので、赤ちゃんを背負った女の人を人柱にしたところ、赤ちゃんの泣き声が聞こえるようになった。鎮魂する「ガキ塚」という石塚が建てられたという。赤ちゃんのことを「ネネゴ」、あやす言葉が「ネネゴ（ねんねんころり）」になって、「稲子」になったという伝承がある。

史実かどうかは別として、暴れ川の利根川が育んだ土地で、人々が暮らしていたことを物語る伝承といえる。

（福井広信）

メモ **羽生の自由民権運動** 1876（明治9）年、本川俣村の掘越寛介（1859～1916）が県内で初の政治結社「通見社」を結成。自由民権の運動を始め、「国会開設請願」の署名活動を始め、提出した。81年、自由党埼玉支部をつくり、掘越が初代理事に選ばれた。90年の第1回総選挙で掘越がトップ当選した。羽生市の人口は5万4416人、2万3494世帯。

【羽生市②】地域に愛着持つ契機

『新編武蔵風土記稿』によると、江戸時代、羽生町場を中心に84カ村で羽生領を形成していた、1954（昭和29）年の大合併で、羽生町と「新郷」「須影」「岩瀬」「川俣」「井泉」「手子林」の6村で合併して市となった（後に「千代田」も編入）。地名は利根川に関係しているのが大きな特徴。「羽生城」に由来する地名も残っている。

◆交通の要衝

岩瀬の「小松」は、平家（小松家）の荘園だったことが由来とする説がある。もう一つ、「こま」が「駒」で船とか馬を意味し、「つ」は「津」で港とか船着き場と解釈するなら、近くに「会の川」という古利根川が流れているので、舟運交通の要衝地だったことも考えられる。

手子林の「神戸《ごうど》」は、「川渡《ごうど》」（交通の要衝）に由来しているとみられる。「神戸三郎」という豪族がいたが、住んでいる地名を名字につけたのだろう。

「須影」の「す」は利根川がつくり上げた自然堤防、「かげ」は後方という意味がある。「桑崎」「川崎」など「崎」には先端という意味がある。「砂山」というのは自然堤防、河畔砂丘に開かれた。

◆姫がノック

利根川に隣接する「名《みょう》」。荘園が広がっていた地域で、「名田」とか荘園の中の田んぼの単位として「名」があったが、「名」とついた経緯が分かっていなかった。2011年から14年まで、「屋敷裏遺跡」を発掘調査した結果、古墳時代を中心に、奈良、平安時代の集落が広がっていたのが見つかり、考古学的な裏付けができた。

市内各地に「城沼」「大沼」とか沼を示す地名が、今でも使われている。「当麻」はアイヌ語の沼や湿地を意味する「トマン」「トマム」に由来するといわれる。昔は、湧き水が市内各地であった。

小説『田舎教師』でも「吹き井の家」という、自然に「吹き出す井戸」が羽生の町中にあったという描写がある。

「村君」は、村の高貴な人を意味する。「永明寺古墳《ようめいじ》」という大きな古墳があり、こうした古墳を造るような有力な人物が住んでいたことが推定できる。

井泉の「発戸《ほっと》」は、西国からお姫様が逃げてきて「食べ物を貸してください」と各家の戸をたたいて回り、戸を開かせたので発戸という地名がついたという伝説が、発戸にある鷲宮神社に残っている。『埼玉の神社 入間・北埼玉・秩父』に紹介されている。『地名誌』では「奥深くいりこんだ地形」と解釈している。

◆無事で安堵

「あんど橋」は静御前ゆかり。義経を追って、奥州へ向かう途中、義経が無事であることを知って、井泉の橋で安堵《あんど》したという伝承がある。安藤堀があって、橋が架かっている。

羽生城は堀や土塁で囲んだ簡単な構造だが三方を沼に囲まれ、広さ24ヘクタール（『羽生昔がたり』）。天文年間の1550年ごろ、「東谷《ひがしや》」に築かれ、1614（慶長19）年、廃城となった。「蓑沢」にある「竹の内」は「館の内」が変化したもので、誰かの館の跡であったことを示している。

下手子林の「殿田《とのだ》」は、おいしい献上米を取る田んぼ。殿が権力にものをいわせて献上させたという。

文化財保護係の高鳥邦仁係長は「地名から背景を探ることによって、羽生の人たちが、利根川とどう向き合ってきたのか、時代時代にどういうことがあったのかということが分かり、地域に愛着を持つきっかけになった。昔から伝わっている地名の由来を子どもたちに伝えるとともに、ムジナモや古墳など魅力ある地域資源も伝えたい」と語った。

（福井広信）

メモ

ムジナモ自生地と水族館　ムジナモはモウセンゴケ科の食虫植物で、自生地・宝蔵寺沼は国の天然記念物に指定。ムジナ（タヌキ）の尻尾に似ているので命名された。2003年、羽生市のイメージキャラクターとして「ムジナもん」が誕生、10年から「ゆるキャラさみっと」を毎年開催、13年の「さみっと」はマスコット集合数がギネス世界記録。ムジナモ自生地のある水郷公園には、淡水魚専門のユニークな「さいたま水族館」もある。

【加須市①】「禄高の加増」由来か

関東平野のほぼ中央に位置する加須市《かぞ》。「かぞ」と、なかなか読めない難読自治体だ。加須のソウルフードとしての「うどん」と、風物詩となった「ジャンボこいのぼり」のほか、近年は「スポーツクライミング」の聖地として有名だ。

◆シベリア

歴史をたどると、1万4千年前にさかのぼる。北日本系の技術で作られた削片《さくへん》（石くず）が下崎中郷《しもさきなかごう》遺跡、荒屋《あらや》型彫刻器が根古屋《ねごや》の道上《みちかみ》遺跡から出土した。

これらの石器はマンモスを追ってシベリアのバイカル湖の辺りからサハリン、北海道へと幾世代にもわたってもたらされたもので、関東地方では珍しく、加須市とシベリアを結ぶ歴史遺産とされる。

加須《かぞ》市の由来は『加須市の地名』（加須市史編さん室編）によると、一つは１５７１（元亀２）年に光明寺を開いた「加津《かず》内蔵丞長高《くらのしょうながたか》」の「加津」にちなんで「かず」の地名が起こり、加須を当てるようになったとする。

２は、修験者の寺、八幡山大聖院「神増寺《かんぞうじ》」に「神増村」と記された古書が保存され、この「神増」から加須の地名が起こったという考えだ。

◆元禄直前

３は、有力説として、元禄のころ江戸の人口増加に伴って新田開発が進められ、この地の石高が「加増」されたのを慶事として付けられたとの見方もある。ただし、まだこの説に絞り切れないようだ。

『新編武蔵風土記稿』には、「古は加増と記し、かぞと唱へしが、後文字は今の如く改めしといへど、唱はもとの如くなり、正保の頃は未だ加増と記し、元禄の頃は加須村とのせたれば、其改めしは元禄前のことなるべし」とあるので、元禄（１６８８〜）の直前に「加増」から「加須」になったことが分かる。

そして「須」は「洲」などとともに川に関係する言葉なので、「カゾ」は「河州」から起こったと推測できる。

ではなぜ「津」「増」「州」に、「須」が当てられたのかとなると、まだ謎である。

◆不動明王

「久下《くげ》」は、鎌倉円覚寺の文書に「武蔵国埼西郡葛浜郷内久下五郎左エ門尉跡……」とあることから、久下という地名にちなんで久下を名乗っていた。久下は熊谷市などにもあり、川沿いの崖谷から起こった地名とみていいだろう。

「不動岡《ふどうおか》」一帯は、古くは「岡村」と呼ばれ、「総願寺」の門前町として栄えた。毎年節分の日に行われる総願寺不動尊の節分の行事は、勇ましい鬼追いの豆まき儀式で知られる。

総願寺縁起によると、1039（長暦3）年に利根川が氾濫して、不動明王が流れ着き、総願寺が大事に祭ったことから、この不動尊と岡村の岡が結び付いて不動岡になったようだ。（栗原猛）

メモ

加須の手打ちうどん　市内にうどん店は40店（手打ち19軒を含む）。少しデータは古いが総務省の家計調査（2014年）の都道府県別うどん・そば消費量をみると、加須市は全国8位だった。利根川の水を生かしたコメの裏作として、麦栽培が盛んだった。江戸時代に総願寺の門前で、参拝者をうどんでもてなしていたのが評判になり広まった。毎年6月25日のうどん祭りは大勢の人でにぎわう。宴席のしめはうどん、冠婚葬祭にもうどんは欠かせない。加須市の人口は11万2852人、4万8143世帯。

【加須市②】利根川は由来の宝庫

◆流れが三つ

利根川は、現在、加須市を流れる「会《あい》の川《かわ》」が本流だった。1594（文禄3）年に、江戸の洪水を防ぐために羽生市上新郷で締め切られ、利根川は東部に移され、千葉県の銚子市に流れるようになった。この旧利根川の流れから生まれた地名が「三俣《みつまた》」とされる。

三俣の由来に2説ある。1は近くにある古刹《こさつ》、龍蔵寺の縁起文によると、龍蔵寺近くを流れていた利根川に二つの州島があり、このため利根川の流れが三つまたに分かれたので「三俣」が生まれたとする。三俣は古文書には「三又」とも書かれており、流れが三つに分かれていたことがうかがえる。

もう1説はこの辺の利根川は深く、多くの筋となって流れていたので「水又《みずまた》」という地名が起こり、三俣に転化したとの見解だ。

◆アイヌ語由来

「礼羽《らいは》」は、難しい読みだが、アイヌ語由来説がある。1889（明治22）年の村制施行の際、礼羽村と隣の「馬内村《もうちむら》」とを併せて誕生した。礼羽の「らい」はアイヌ語の「低い場所」、「ぱ」は「水が充ちた」という意味とされる。県内にアイヌ語説のある地名は吾野《あがの》（飯能市）、大間《おおま》（鴻巣市）、幸手《さって》（幸手市）、今羽《こんぱ》（さいたま市）など。また越辺川《おっぺがわ》をはじめ利根川、荒川沿いにかなり広く分布している。

「樋遣川《ひやりかわ》」についても2説ある。1は御室神社縁起によると、この地は「穴咋村《あなくいむら》」と呼ばれていたが、「御諸《みもろ》別王《わけおう》」が、火矢で蝦夷を攻めたことから「樋遣川」が生まれたという。後に「火矢《ひや》利《り》の里《さと》」と改められたとの伝えもある。2は利根川に樋を作って、用水から田に水を引いたので生まれたとの見方だ。

◆交通の要衝

「大桑《おおくわ》」は、村民が自慢するような桑の大木があり、そっくり地名になった。「川口《かわぐち》」は、古利根川の川口に沿った名で、鎌倉時代には、この辺は奥州への通路として、渡しの規模も交通量も多く、まさに「大川口」で、現在の川口市は「小川口」と呼ばれたとされる。

前市史編纂室の早川清氏は「この地方には川にちなんだ地名が多いのが特徴です。川は、昔の人々にとって生活と一体のものでした。町名改正などで簡単に『東西南北』などと付けられがちですが、地名には昔の人の生活実感が込められています。ですから地名を研究すれば町おこし、地域おこしの大事なヒントが発見できるのではないですか。大事にしてほしいですね」と語る。

（栗原猛）

メモ

ジャンボこいのぼり 手打ちうどんとともに加須を代表するのが、5月の空に泳ぐこいのぼりだ。明治時代にちょうちんや傘づくり業者が副業に始めた。当時は手書きのこいのぼりが主だったが、採算が難しくなり2016（平成28）年を最後に廃止された。市内にある3軒のこいのぼり店は全てプリントだ。5月には毎年、利根川の河川敷に100メートルを超すジャンボこいのぼりが揚げられる。東京から50キロで通勤圏だが、市内の工業団地には羽生市をはじめ周辺都市から勤務する人も多く、「加須都市圏」を形成している。

【加須市③　旧騎西町】住みやすい穀倉地帯

旧騎西町は２万年前から人が住んだ住みやすい土地。江戸時代に２万石の城下町として栄えた。梨やイチゴ、イチジクの産地で穀倉地帯。東京電力福島第１原発事故では、旧県立騎西高校が避難拠点となった。加須市教育委員会の文化財担当主幹の坂本征男さんに聞いた。

◆埼東の西

「騎西」は、かつて「私市《きさい》」とも書かれた。城址も「私市」となっている。古代、皇后の土地「私市《きさい》」を管理する部民がいた。この辺りが「きさい」と呼ばれていたというつながりから、「私市」という地名となった可能性がある。

最近は地理上から生じた説が有力だ。この辺りから越谷の方までの細長い地域を、古代は「埼東郡《きとう》」と言い、「埼東郡」の西の地域なので、「埼西《きさい》」と呼ばれるようになったといわれる。

「騎西」と定着したのは江戸中期から。以前は「私市」のほか、「崎西」や「寄西」など音読みで「キ」と読む漢字を当てていた。なぜ「騎」を当てたかは不明だが、『騎西町史』には「『街道の馬次所』として活況を呈した」と書かれている。

◆**難読地名**

「芋茎《いもぐき》」や「牛重《うしがさね》」「鴻茎《こうぐき》」「正能《しょうのう》」「種足《たなだれ》」など難読地名が多い。

「牛重」の由来は分からないという。「遠くから見ると牛が重なっているみたいだから」という説は、『町史』は否定的だ。江戸初期の絵図には「牛重村」が出ている。

「正能」は、全国にいる「正能」姓のルーツだという。由来は不明。正能地区に住んでいる男子が代々、父子相伝で「玉敷神社（久伊豆大明神）」に神楽（国の重要無形民俗文化財）を奉納しており、『町史』には「神楽を継承してきた『才男《さいのお》』に起因するとも思われるが、想像の域」と書かれている。正能には「甘酒田」などの地名がある。

「種足《たなだれ》」は、稲の穂が垂れるぐらい、コメが収穫できる肥沃《ひよく》な土地と言われている。それで「種が垂れる」。江戸時代までは「種垂」と書いた。「たれ」には「雨が降ると滝になる渓谷状の地形」を指すという地形からの説などもある。

◆**地形由来**

「鴻茎」「芋茎」の「くき」は「小高い場所」。「加須低地」の中の小高い所。隣の久喜市には古久喜などがある。

「下崎」の「さき」は、水辺に突き出た先端。「田ケ谷」の「たが」は高い所、「や」は低湿地、谷。「田ケ谷」には大きな堤、土手があって、堤の内側が内田ケ谷、外側が外田ケ谷。平安末期から鎌倉時代、多賀谷氏という豪族がいた。

「道地《どうち》」は、まんじゅう形（ドーム形、かまぼこ形）の台地から発生した地形。「道智太郎」という武士が、承久の乱（1221年）で活躍したが、討ち死にしたという。

「根古屋」は、騎西城に詰める家臣が「寝る小屋」が転じた。足軽町などの地名も。「外川（そとかわ・そっかわ）」は騎西城の外側にあった。

（福井広信）

メモ **騎西城** 文献では、1455（康正元）年、足利勢と上杉勢の戦いの舞台として、初めて登場。上杉・北条の争いなどの戦場となった。1590（天正18）年、家康から2万石を与えられたが、1632（寛永9）年、城主不在で廃城となった。今の騎西城は1975（昭和50）年、騎西町と田ケ谷、種足、鴻茎、高柳4村が合併した20周年の記念事業として建設され、地域のシンボルとなっている。復元された城の向かい側に、騎西（私市）城の土塁跡が残っている。

【加須市④　旧北川辺町】川は切っても切れず

北川辺は県内で唯一、利根川の向こうにある。栃木、群馬の2県に接し、渡良瀬川を挟んで茨城県。足尾銅山鉱毒事件の解決に尽力した田中正造の分骨地があり、コシヒカリを県内で初めて栽培した地でもある。加須市文化財保護審議会委員の渡辺章さんに聞いた。

◆輪中地帯

地名の半分は川や沼池に関係するというほど「川と切っても切れない」地域だ。

1948（昭和23）年、不動岡高校の分校創立の時に「北川辺」分校となっている。「川辺」ではなく、なぜ「北川辺」？　江戸時代、この地は古河藩の所領で「川辺領」と呼ばれ、利根川の川向こうを「向川辺領」（旧大利根町）と言った。「向川辺」に対して北に位置する川辺領のことを「北川辺」と呼んでいたからだ。

古河は「陸」で、「川の中の陸」とも考えられる。「向古河《むかいこが》」は「古河」の対岸。

1621（元和7）年、江戸が水浸しにならないようにということで　南北に流れていた利根川を東西に曲げて、銚子の方に。群馬県との県沿いに「合ノ川」を開削した結果、この辺りは川に囲まれた「輪中」となり、水害の激甚地帯になった。

◆県境変更

河川改修の名残として「伊賀袋」がある。北川辺には「袋」がついた地名が「小野袋」と計2カ所。「袋」のついた地名には「池袋」や「沼袋」などがある。川に取り囲まれた、輪になっているような部分をいう。

伊賀袋は、元は下総（茨城県）だった。大正から昭和の初めの河川改修で、渡良瀬川の蛇行部分を直線にした。蛇行して袋になっていた部分（伊賀袋）が埼玉県に入った。河川改修で、県が変わったのは珍しい。

「小野袋」の辺りは、渡良瀬川がかなり蛇行していて、昔の人は「七曲り」と言っていた。小野袋にある「藤《ふじ》畑《はたけ》・畠」。歴史的仮名遣いでも「フヂ」で、「フチ」＝「淵」か。『北川辺地名考』は「蛇行して淵を作り、自然堤防を開発して畑とした」と解説。おめでたい「藤畑」の字を当てたとみられる。

「柳生」駅の近くに3県境がある。柳生は「自然堤防に開発された土地」と考えられるという。

◆「圷」と「塙」

「柏戸」は、相撲取りの初代の「柏戸」が出た所といわれる。「かし」は川の「河岸」か。『地名考』は①柏が生えている所　②河岸に臨んだ農耕集落　③自然堤防の傾斜地にある渡河点――などの説を紹介している。

「土部《どぶ》」は水はけが悪いが、水稲の栽培には最適な土地だ。

「悪戸新田」の「悪戸」は川沿いの低地で、元は川だった所。昔の川の河川敷を畑にしたような所。各地の「阿久津」「阿久戸」「明戸」「飽戸」も同じ。「圷《あくつ》」が語源で、土が低く下になる所。圷の対立語が「塙《はなわ》」で、土が高い所。

渡辺さんは、栃木県小山市の「乙女楓山」や、東京・日暮里を例に、「地名の漢字だけでは分からない。地形とかを探ると、謎が見えてくる」と指摘した。乙女は「御留＝水運のターミナル」、日暮里は「新堀《にいぼり》」から。


（福井広信）

メモ

合併史　1889（明治22）年、「柏戸」「向古河」「駒場」「本郷」「栄《さかえ》」「小野袋」が合併して川辺村、「麦倉」「飯《いい》積《づみ》」「柳生」「小野袋」が合併、曲折の末「利島《としま》村」となった。川辺、利島2村が1955（昭和30）年、合併して「北川辺村」となった。栄村は前谷《まえや》と大曽《おおぞ》が合併（「栄」は「境」の意味）。珍しい名前に本郷の「丑《うし》持《もち》」（川に沿う後背湿地の名残）、「小反前《こたんまえ》」。小反前はアイヌ語の「コタン（集落）」説のほか、「コタ」は利根川から生じた湿地説など。「前谷」の「前」は「南、日当たりが良い所」、「や」は「谷」か「野」。

【加須市⑤ 旧大利根町】川の流れを変えた所

利根川の流れを変えた地であり、利根川を外しては語れない。江戸の食を賄うために、新田開発も進み、穀倉地帯となった。それらが地名にも反映している。旧大利根町・町史編纂委員（元加須市文化財保護審議会委員長）の小沼良市さんに解説してもらった。

大利根町は2010（平成22）年、加須市と騎西、北川辺の2町と合併、現在の加須市となった。大利根町（村）は1955（昭和30）年、東村と原道、元和、豊野の4村が合併、成立した。利根川との関係が深いことから命名した。その大利根村を構成した4村は、1889（明治22）年にできた。東村は旗井、新川通など4村が合併、原道村は佐波、砂原など5村、元和村は琴寄など3村、豊野村は阿佐間、杓子木など7村。

◆新川開削

利根川はアイヌ語で「広くて大きい川」ともいわれる。この辺りは乱流し、沼と湿地の入り交じった状態だった。洪水から江戸を守る意味もあり、本格的に河川を改修。1621（元和7）年、「佐波《ざわ》」から「中渡《なかわた》」

の渡良瀬川まで、直線の新川（利根川）を開削（2里半＝約10キロ）。この地が「新川通」となった。

佐波は利根川の流れが大きく曲がる所で、波の音も大きく「ザワザワ」と聞こえるので地名となったとみられる。粘土質の地質から名付けられたという説もある。中渡は利根川にあった渡船場の一つの名前。

「旗井《はたい》」は八幡太郎義家が東北を征伐するために、この地を通った際、天神様に戦勝祈願をするため、源氏のシンボルとなっている「白旗」を奉納したことから付いたといわれる。

旗井村は1875（明治8）年、「中新井村」と「渡沼《わたぬま》村」が合併した。渡沼は「沼が多く、隣の家に行くにも沼を渡るような土地」に由来する。

◆地形由来

「砂原《すなはら》」は、利根川の砂が西風に乗って来て、原っぱができた所。

「阿佐間《あざま》」の「阿」「間」は湿地帯を意味し、浅い湿地の「浅間」から転じた説。もう一つの説は、「間」は「澗《ま》」で、湾となった所。船着き場が造られることが多い。「間口《まくち》」は「間」の入り口。古利根川沿いの低湿地。

「生出《おいで》」は、「井手《いで》＝井堰《いせき》」の転化といわれる。利根川から水を引き入れた用水路の跡とみられる川筋があったことが由来とみられる。

「北大桑」は、利根川を往来する渡船の目印となる大きな桑の木があったことから。

珍しい地名の「杓子木《しゃくしぎ》」は、シャクシギの樹木が多かったためといわれる。隣の松永新田を合わせた地形が杓子に似ているためという説もある。

◆新田開発

「外記《げき》新田《しんでん》」は北川辺・飯積村の名主・平井外記が来て、新しい川ができた所の野原を開墾した。「弥兵衛《やへえ》」も開き、その子、弥兵衛に譲った。『大利根町地名考』によると、弥兵衛には「焼原《やけっぱら》」という地名があり、地元では「焼原耕地《やけっぱらごうち》」と呼ぶという。

「細間」は、北川辺麦倉細間の人たちが開墾した。「新井新田」は北大桑村新井の村民が開いた。「松永新田」は開拓した人の名前なのか、出身地なのか分からない。

「琴寄《ことより》」の由来は不明。利根川が増水したときに、琴を抱いた（寄せた）「ごぜ」が溺れ死に、哀れに思った村人が葬った言い伝えがある。『地名考』は、人柱だった可能性も指摘している。

「道目《どうめ》」は、薬師堂という租税免除のお堂があり、「堂免」と呼ばれていた。正保の頃（1644年～）には「道目」となっていた。

（福井広信）

メモ **下總皖一** 1898（明治31）年、加須市砂原（旧原道村）生まれの作曲家（1962年死去）。埼玉師範（埼玉大学の前身）、東京音楽学校（東京芸大の前身）を卒業、ドイツに留学、東京芸大教授も務めた。『大利根町史』によると 著作権登録されただけでも1200曲、「たなばたさま」「野菊」など多くの童謡、唱歌などのほか、全国800の校歌を作曲、親しまれた。「童謡のふる里」をキャッチフレーズに街づくりに努めている。

【桶川市①】3河川の源流ある所

桶川市は旧中山道の宿場町として栄え、紅花で有名だ。東京都心から40キロ圏、ベッドタウンとして発展してきた。

◆駅前に源流

桶川市には桶川という川はない。しかし、市内を水源地とする3本の川がある。鴨川、芝川と綾瀬川だ。荒川水系の「鴨川」はJR桶川駅西口前、さいたま文学館の駐輪場近くに「鴨川源流域の碑」がある。同じ荒川水系の「芝川」は末広2丁目と小針領家の湧水2カ所に源を発する（別に上尾市菅谷も）。

利根川水系中川の支流の「綾瀬川」は小針領家の備前堤に水源の標識が建つ。田園地帯に源を発するという。

「桶川」の市名の由来は、「河川の源流にある所」から名付けられ、「興川《おきがわ》」の文字が当てられたこともある（『埼玉県の地名・日本歴史地名大系11』）。

『桶川市史（第8巻）』でも、芝川・鴨川の始まる意味の「起き川」に好字を当てた「興川」説があるとするほか、田畑、原野の開けた遠い方向の意味の「沖川」説や「オキガワ」がなまって「おけがわ」になったという説を紹介している。

1872（明治5）年の学制により、「桶川宿」にも小学校が創設されたが、その校名は「興川学校」という名称だった。

その1年後には、「坂田村医王院」に「坂田学校」、「川田谷村弥勒」に「川田谷学校」、さらにその3年後、「加納村医光寺」に「加納学校」が開校している。

◆尊氏の下文

南北朝時代の1352（観応3）年9月、足利尊氏が家臣の春日八郎行元宛てに、足立郡桶皮郷内菅谷村（現上尾市）の前領主丸七郎の跡を勲功の賞として与える旨の下文《くだしぶみ》を記した歴史的古文書に「桶皮郷」の地名が見いだせると『新編武蔵風土記稿』の記述がある。「桶皮郷」の範囲は桶川領と同じなら現在の桶川市、上尾市にまたがる。「オケガワ郷」を示す貴重な資料だという。

◆「桶川臙脂」

紅花生産は、天明～寛政年間（1781～1801年）に、出羽最上地方（山形）の紅花の種が江戸の商人によってもたらされ、「上村（現・上尾市）」から始まったとされる。陸稲より高収入だったため、盛んに栽培され、口紅や染料の原料として「桶川臙脂《えんじ》」の名で京都・大阪に売られた。

幕末期の開港後から中国・東南アジア産の安価な紅花輸入により衰退。化学染料に押されて明治初期には姿を消してしまったが、紅花は桶川の代名詞にもなった。

同市寿にある稲荷神社本殿前には一対の大きな石灯籠があり、紅花取引で財を成した紅花商人24人の寄進者が連名で刻まれている。加納地区の「べに花ふるさと館」や桶川駅北にある「紅花陸橋」に名を残している。

同市は「べに花の郷桶川市」をキャッチフレーズに、観光事業として紅花栽培を復活、紅花によるまちおこしに取り組んでいる。「川田谷」地区にある市歴史民俗資料館近くで栽培している紅花畑。6月になると赤や黄色の花が咲き、毎年この季節に「べに花まつり」があるが、2020年は新型コロナウイルス感染防止のために中止。紅花は引き抜かれた。

資料館の粒良紀夫館長は「市のシンボルであるだけに残念です」。

（上松寛茂）

メモ **合併の変遷** 1889（明治22）年の合併で、坂田村、加納村、篠津村、五町台村、舎人新田、小針領家村、倉田村の7カ村が合併、「加納村」が誕生した。桶川宿と大谷領町谷村、上日出谷村、下日出谷村が合併、「桶川町」に。1955（昭和30）年、桶川町と加納村が合併、桶川町となり、その3カ月後に川田谷村と合併。その後、上尾市域の「大字井戸木」の一部を編入、その翌日、その一部を上尾市に分離という変則的な形で現在の市域が完成、1970（昭和45）年に市制を施行し、桶川市となった。井戸木の地名は上尾市の地名として残った。人口7万5234人、3万3075世帯。

【桶川市②】荒川沿岸地に飛行場

◆皇女・和宮

江戸から6番目の宿場町として旧中山道沿いに栄えた桶川宿の成立は江戸時代の1602（慶長7）年と伝えられる。

JR桶川駅東口、旧中山道沿いの同市寿《ことぶき》には、紅花商・穀物問屋からお茶屋に商売替えした「島村家住宅・土蔵」や、旅籠《はたご》として建てられ、現在は材木商の「小林家住宅」などの国の登録有形文化財をはじめ、皇女・和宮が京都から江戸に向かう下向の途中に宿泊し、県内の中山道筋では唯一現存する「桶川宿本陣跡」などが、当時の面影を伝えている。

1876（明治9）年に編さんの『武蔵国郡村誌』によれば、桶川市域には江戸時代からの村が13、小字が86もあった。合併を繰り返し、さらに1967（昭和42）年から2度にわたる住所表示変更で、現在は24地域に再編された。旧桶川地区、東部の「加納《かのう》地区」、西部の「川田谷《かわたや》地区」の3地区に分けられる。

◆3軒の宿屋

『桶川市史（第8巻）』は各地域の地名の由来を紹介している。

桶川駅西口一帯に広がる「若宮」は、ある時期、この土地の人が以前の村の本宮をこの地に勧請し、「若宮神社」としたのが由来。

桶川駅南側、「桶川宿」の「下の木戸跡」から上尾市寄りの旧中山道の両側を「三軒茶屋」といい、行商人相手の3軒の宿屋があった。

桶川市街地と西部の「川田谷」に挟まれて「上日出谷《かみひでや》」と「下日出谷」がある。「日出谷」という地名は地形に由来する。文字通り台地に入り込んだ「開析谷」であり、「ヒデ」は、泥地を意味する「ヒジ」の転化と考えられ、「湿地の谷」の意。

桶川中学校の南の道を西に進み、下日出谷に入り、川越・栗橋線と合流する手前右側に、かつて5軒の家が並び、「五軒新田」と呼んだ。この付近の耕地を5軒の家の人々が開発したのが由来。

加納地区の「加納」は、本来納めている貢納地のほかに追加開墾して加納したことから命名された「加納田」の略語で中世の荘園に関わる地名。歴史的にも価値があり、県内でも唯一の貴重な地名だとしている。

「坂田」は、北部から東部にかけて開析谷が見られ、谷津の奥まで開かれた水田が階段状を成していたため付けられたらしい。

「舎人《とねり》新田」は、『新編武蔵風土記稿』に元和年間（1615～23年）に、下加納村の「舎人」という人が開発したので、この名を付けたとある。

「五町《ごちょう》（丁）台《だい》」の由来は、5町歩くくらいの台地があったため。かつては荒川の右岸に発達した自然堤防上の村。

◆船着き場

「篠津《しのづ》」は、元荒川の右岸にあり、篠津の「津」は、かつて荒川の舟運の船着き場を意味し、「篠」がたくさん自生していたことが由来とみている。

「倉田」は、『風土記稿』には越生町の法恩寺に伝えられる文書に、1186（文治2）年の倉田孫四郎の在所と記している。現在も館跡が残っている。

「小針領家」の「ハリ」は開墾の意で、小規模の開墾地。「領家」は、平安時代の荘園経営で地方の豪族が中央の有力貴族や大きな社寺に荘園を寄進、その貴族や社寺を「領家」と称した。歴史的に貴重な地名だ。

川島町や北本市に隣接する「川田谷」は、圏央道桶川・北本インターチェンジや、荒川河川敷に小型機が離発着するホンダエアポートがある。「川田」は川端、川の沿岸の地とする説があり、地形に由来。「谷」が付けられたのは後世のこと。

川田谷の歴史上の初見は1397（応永4）年の鎌倉公方足利氏満の寄進状（『鎌倉市黄梅院文書』）の中にある「河田郷」。1669（寛文9）年の『坂田村護摩堂蓮花院文書』には「川田谷村」とある。（上松寛茂）

メモ

ホンダエアポート　荒川河川敷にあるセスナ機など小型機専用の非公共用飛行場。滑走路は桶川市川田谷にあり、運営管理の本田航空は土手を隔てた川島町。1937（昭和12）年6月に熊谷陸軍飛行学校桶川分教場（桶川飛行学校）の川田谷飛行場として開設。64（同39）年に本田技研工業グループ企業が航空産業に参入。その跡地に本田宗一郎氏によりホンダエアポートを設立。航空写真・測量や遊覧飛行、スカイダイビング、埼玉、栃木両県の防災ヘリコプター受託業務などを行っている。

【主な参考文献】

上尾市企画財政部広報課編『上尾歴史散歩』(2000年/上尾市)
蘆田伊人編『新編武蔵風土記稿』(第4期 1996年/雄山閣)
岩井茂『さいたま地名考』(1998年/さきたま出版会)
内野弘『所沢の歴史と地理』(1985年/内野乃布)
大沢俊吉『行田・忍城と町まちの歴史』(1983年/聚海書林)
大利根町文化財保護審議委員会編『大利根町地名考』(1983年/大利根町教育委員会)
岡田潔『東松山の地名と歴史』(2010年/まつやま書房)
加須市史編さん室編「加須市の地名」『調査報告書 第3集』(1979年/加須市)
金沢庄三郎『日韓古地名の研究』(1985年/草風館)
久喜市教育委員会文化財保護課編『久喜市の歴史と文化財①日光道中栗橋宿・栗橋関所』(2020年/久喜市教育委員会)
久喜市教育委員会文化財保護課編『歴史資料でよむ久喜市ゆかりの人物ブックレット②』(2017年/久喜市教育委員会)
熊谷市立図書館編『市内の文化財をめぐる⑨熊谷の地名と旧跡』(1993年/熊谷市立図書館)
鴻巣市コスモス大学校27期生編『鴻巣地域の地名 大字・小字』(2016年/鴻巣市コスモス大学校27期生)
越谷市『文化総合誌 川のあるまち』(1982年~/越谷市教育委員会)
埼玉県編『武蔵国郡村誌』(1953~1955年/埼玉県立図書館)
埼玉県編『新編埼玉県史』(1981~1991年/埼玉県)
埼玉県県民部自治文化課編『さいたまの地名』(1987年/埼玉県県政情報資料室)
埼玉県神社庁神社調査団編『埼玉の神社 入間・北埼玉・秩父』(1986年/埼玉県神社庁)
斎藤貞夫『川越舟運』(1982年/さきたま出版会)

斎藤鶴磯『武蔵野話』（1950年／武蔵野話刊行会）
志木市教育委員会編『志木市郷土誌』（1978年／志木市）
白岡市教育委員会『白岡市の指定文化財』（2012年／白岡市教育委員会）
須賀芳郎「かすかべの歴史余話」『広報かすかべ』（1977年～／春日部市）
田口浪三ほか編『埼玉県営業便覧』（1902年／全国営業便覧発行所）
道興『廻国雑記』（『群書類従 巻第337』収録）
所沢市教育委員会文化財保護課編『所沢市史研究』（1977～2000年／所沢市教育委員会）
中村徳吉『戸田の地名』（1995年／戸田市）
韮塚一三郎『埼玉県地名誌』（1969年／北辰図書）
羽生市秘書室『羽生昔がたり』（1984年／羽生市秘書室広報広聴係）
本庄市教育委員会文化財保護課『本庄市の地名1　本庄地域編』（2017年／本庄市教育委員会文化財保護課）
柳田国男『地名の研究』（1936年／古今書院）
山中襄太『地名語源辞典』（1968年／校倉書房）
山本洋一『庄和史談』（1988年／庄和町教育委員会）
吉川市教育委員会・吉川市郷土史会編『わたしたちの郷土 よしかわ地名編』（1994年／吉川市教育委員会・吉川市郷土史会）
吉田東伍『大日本地名辞書』（増補版 1992年／冨山房）
蕨市秘書広報課編『わらび文庫3　わらび昔話』（1993年／蕨市秘書広報課）
『角川日本地名大辞典 11（埼玉県）』（1980年／角川書店）
『日本歴史地名大系 第11巻（埼玉県の地名）』（1993年／平凡社）

ほか、各市町村刊行の市史・町史、『日本書紀』『続日本紀』『万葉集』『和名類聚抄』『枕草子』『伊勢物語』『吾妻鏡』等

続 地名は語る 埼玉の歴史と伝承

2021年 4 月 8 日　　初版第 1 刷発行
2021年 5 月10日　　初版第 2 刷発行
2022年 4 月 8 日　　初版第 3 刷発行

取材・執筆　埼玉新聞特別編集委員室

発 行 者　関根 正昌

発 行 所　埼玉新聞社
〒331-8686 さいたま市北区吉野町2-282-3
電話 048-795-9936（出版担当）

印刷・製本　株式会社エーヴィスシステムズ

ISBN978-4-87889-520-3